우주항공
투자의 시대가 온다

우주항공
투자의 시대가 온다

하인환·한유건·김지우 지음

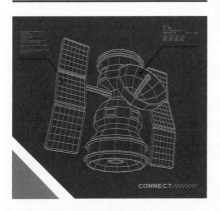

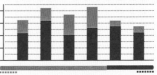

뉴 스페이스 시대 ▶▶▶▶
우주항공 투자전략 보고서

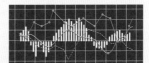

위너스북

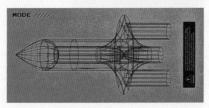

왜 지금 우주산업에
주목해야 할까?

2024년 11월 5일, 미국 대통령 선거에서 도널드 트럼프 공화당 후보의 당선이 확정됐다. 그리고 전 세계 금융시장은 도널드 트럼프에게 이목을 집중하기 시작했다. 그런데 2016년 미국 대선 직후에는 트럼프가 모든 주목을 받았던 반면, 2024년 미국 대선 직후에는 그 관심이 다른 한 명에게도 분산됐다. 바로 일론 머스크다. 일론 머스크는 미국 대선 유세 현장에서뿐만 아니라, 대선 결과를 지켜보는 현장, 대통령 취임식 등 거의 모든 행사에서 도널드 트럼프 대통령의 바로 옆자리를 차지하고 있었다.

일론 머스크가 트럼프 행정부의 실질적 2인자가 된 것이다. 그렇다면 이제부터 투자자들이 해야 할 일은 일론 머스크의 비즈니스가 트럼프 행정부의 임기 동안 어떤 수혜를 받고 어떻게 성장할지 알아보는 것이다. 현시점에서 일론 머스크의 비즈니스 중 가장 중요한 2가지는 테슬라와 스페이스X인데, 이 중 도널드 트럼프의 기존 정책과 방향성이 정확히 일치하는 것은 스페이스X다. 그래서 우리는 이 책에서 우주산업을 자세히 들여다 보고, 왜 우주산업에 주목해야 하는지를 설명할 것이다.

트럼프 대통령은 그의 첫 번째 임기 때 우주 탐사 프로젝트인 아르테미스 프로젝트(Artemis project)를 추진하면서 우주산업에 대한 지원을 확대한 바 있으며, 2024년 미국 대통령 선거에서 승리한 직후에는 스페이스X의 로켓 발사 현장을 직접 방문하기도 했다. 트럼프 2.0 시대의 가장 핵심적인 인물인 도널드 트럼프와 일론 머스크의 공통 관심사인 우주산업은 향후 4년간 우리가 알아야 할 가장 중요한 산업이 될 것이다.

그렇다면 트럼프 대통령은 왜 우주산업에 관심을 갖는 것일까? 세 가지 이유를 추측해 볼 수 있겠다.

첫째, 중국과의 기술패권 경쟁 때문이다. 현재 미국과 중국의 기술패권 경쟁이 본격화되고 있는데, 우주산업은 그 경쟁에서 중요한 한 축을 차지한다. 로켓 발사는 미사일 발사의 관점에서 국방 기술을 상징하고, 위성을 통한 관측과 위성을 통한 통신은 국방 기술 및 정보

기술을 상징한다.

둘째, 그런데 과거와는 달리 지금은 민간 기업이 우주산업을 선도하고 있고, 그 핵심 기업이 바로 스페이스X다. 트럼프 대통령은 스페이스X를 하나의 민간 기업이 아닌, 미국의 안보를 책임질 수 있는 기업으로 인지하고 있을 것이다.

셋째, 로켓 발사에서부터 관측, 통신의 영역으로 점차 산업이 확장되어가고 있다. 우주산업에 투자하는 것은 사실 우주산업의 성장에 필요한 다른 기초 기술에 투자를 한다는 의미이기도 하다. 우주산업에 관심을 가짐으로써 다른 기술의 혁신도 만들어내겠다는 것이 트럼프 대통령의 장기적인 계획일 가능성도 고려해야 한다.

이 책은 트럼프 대통령이 우주산업에 관심을 갖는 두 가지 이유를 우주산업의 역사 관점에서 이해하는 것으로부터 시작한다. 그리고 시간의 흐름에 따라 '우주산업의 과거 → 우주산업의 현재 → 우주산업의 미래' 순으로 진행되는데, 1장에서는 우주산업의 역사와 그 역사 속에서 우주산업이 가졌던 의미 두 가지를 살펴볼 것이다. 첫째, 1950년대 우주산업이 태동하게 된 배경을 국제 정치적 관점에서 설명하고, 현재의 상황과 유사하다는 점을 확인해 볼 것이다. 둘째, 1950년대 우주산업에 대한 투자를 주도했던 주체가 정부라는 점을 설명함으로써 당시 우주산업의 특징과 한계점을 이해해볼 것이며,

현재와는 어떤 차이점이 있는지도 확인해볼 것이다.

2장에서는 우주산업의 현주소를 다룰 것이다. 여기에서는 주로 글로벌(미국) 관점에서의 우주산업을 분석했는데, 1950년대와 2020년대의 우주산업이 갖는 공통점과 차이점을 먼저 분석한 후에 그에 따라 투자자들이 관심 가져볼 만한 기업들을 제시할 것이다. 해외 기업 8선을 통해, 글로벌 우주산업을 선도하는 기업들과 그들의 특징 및 기술 트렌드까지 이해할 수 있을 것이다.

3장에서는 한국 우주산업의 현재를 다룰 것이다. 한국 우주산업은 미국 우주산업과는 차이가 있다. 현재 미국의 우주산업은 민간이 주도하는 반면, 한국의 우주산업은 정부가 주도하고 있다. 한국의 우주산업은 왜 정부가 주도하고 있는지, 그렇다면 어떤 기술에 더 주목해야 하는지, 그리고 한국의 우주기업 중 관심 가져볼 만한 기업은 무엇이 있을지 들여다보려 한다. 이 장을 통해 한국 우주산업을 선도하는 기업들과 그들의 특징 및 기술 트렌드까지 이해할 수 있을 것이다.

4장에서는 우주산업의 미래를 살펴볼 것이다. 현재 우주산업에서 가장 중요한 기업은 단연 일론 머스크가 이끄는 스페이스X다. 비상장 기업이기 때문에 2장에서 제시한 해외 기업 8선에는 포함시키지 않았지만, 우주산업의 현재와 미래를 이해하는 핵심은 바로 일론 머스크의 우주산업 청사진을 이해하는 것이다. 특히, 트럼프 대통령이 2024년 11월 미국 대선에서 승리를 확정한 후 일론 머스크와 함께 스페이스X의 로켓 발사를 참관한 바 있는데, 이는 중단기적으로 우주산업에 대한 미국 정부의 관심이 급격히 확대될 수 있음을 시사한다.

우주산업의 5단계 비즈니스 모델을 통해 우주산업이 현재 나아가는 방향성이 무엇인지를 확인하고, 또 우주산업을 바라보는 투자자들의 통념에서 주의해야 할 부분은 무엇인지도 확인할 것이다.

1장부터 4장까지 우주산업의 역사와 현재, 미래를 살펴보는 과정을 지나며 몇 가지 의문이 들 수 있는데, 5장에서는 투자자들이 우주산업에 가질 만한 의문과 그에 대한 필자들의 답변을 Q&A 형식으로 제시했다.

우주산업은 투자자의 가슴을 뛰게 만드는 산업이다. 무한한 잠재력을 가진 듯 보이고, 주요국 정부 및 기업들의 투자가 본격화되고 있기 때문이다. 또 우주관광이나 화성으로의 이주 등을 꿈꿀 수도 있기에 투자의 영역을 떠나 미래에 대한 기대감도 갖게 된다.

이처럼 꿈과 희망으로 가득 차 보이는 우주산업에 대해 이야기하는 이 책이 투자의 관점에서 기본서가 되었으면 하는 바람이다. 우리는 어떤 이유로 우주산업이 각광받고 있는지를 정치적인 관점과 산업자본의 관점에서 파악해보고, 실질적인 성장이 가능한 분야와 단지 꿈으로만 가득 찬 분야를 구분해보고, 우주산업의 밸류체인을 통해 미래 성장 방향성을 가늠해보았다. 최근 우주산업에 대한 관심이 높아지면서 우주 기업에 대한 정보가 점차 많아지고 있지만 한편으로는 해외 기업들에 대한 정보는 여전히 제한적인데, 이 책은 주목해야 할 해외 기업들에 대해서도 자세히 다뤘다.

그리고 우주산업에 대한 우리 국민들의 관심이 더욱 확대되길 바라는 마음으로 이 책을 집필하기도 했다. 무한한 잠재력을 가진 산업이자 국가 안보의 관점에서도 그 중요성이 높아지고 있는 우주산업에서, 한국의 갈 길은 아직도 멀었다. 미국에서는 정부뿐만 아니라 빅테크 기업들의 투자도 본격화되는 중이지만, 아직 우리나라의 우주산업은 초기 단계에 머무르고 있는 것이 현실이다. 이 책이 우주산업에 대한 대중의 관심을 조금이나마 높이고, 그 관심이 우주산업 발전의 초석이 된다면 더할 나위 없을 것이다.

차례

Contents

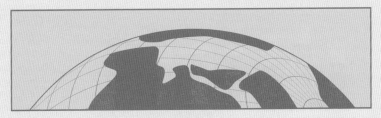

1장

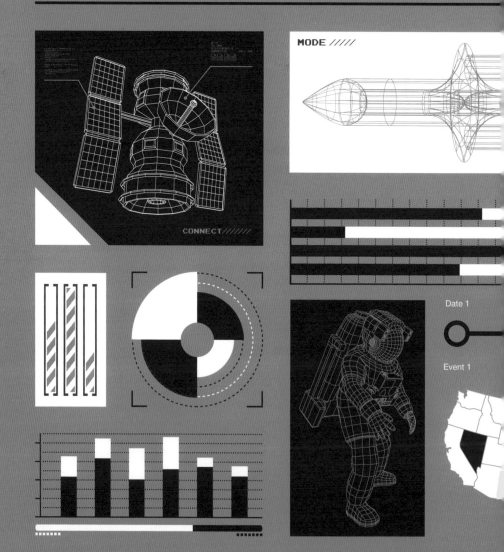

우주산업의 역사

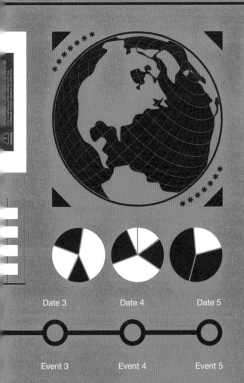

Date 3   Date 4   Date 5

Event 3   Event 4   Event 5

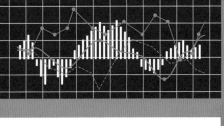

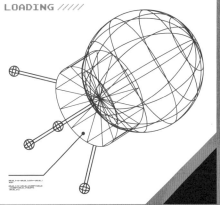

LOADING /////

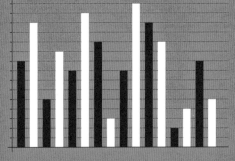

패권전쟁과
우주산업의 태동

우주산업을 태동시킨 패권전쟁

트럼프가 다시 백악관으로 돌아왔다. 앞으로 4년, 그는 무엇을 할까? 당선 직후 일론 머스크와 함께 방문하면서 향후 지원 의지를 드러냈던 우주산업, 취임과 함께 발표한 스타게이트 프로젝트(AI 인프라 구축 프로젝트) 등 여러 분야에 대한 정책들을 고려해야 할 것인데, 그러한 정책들을 추진하는 근본적인 목적이 무엇인지 고민하는 것이 우선이다.

트럼프 대통령은 그의 첫 번째 임기 때 중국과의 무역전쟁을 일으킨 것으로 잘 알려져 있다. 중국산 수입품에 대한 관세 인상을 통

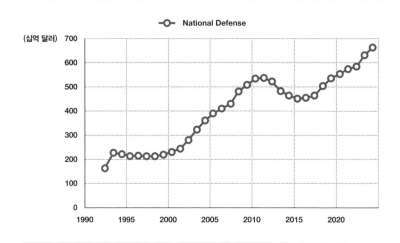

자료: 미국 재정서비스국

해 무역전쟁을 일으켰고, 2018년부터 시작해 2020년 코로나19 팬데믹이 발생하기 직전까지 이어졌다. 그런데 당시 트럼프 대통령은 관세 인상만을 통해 중국을 압박하진 않았다. 통신, 드론, 반도체 등 기술에 대한 제재도 함께 진행하면서 중국에 대한 압박 수위를 높였다. 그리고 2025년 상반기, 두 번째 임기 초반부터 트럼프 행정부는 관세 전쟁을 확대해가고 있다.

트럼프 대통령의 대중국 견제는 '압박 또는 규제'로만 행해진 것이 아니다. 미국의 경쟁력을 높이기 위한 투자도 확대했는데, 2010년대 초중반에 감소하던 국방지출을 다시 증가시킨 것 역시 트럼프 대통

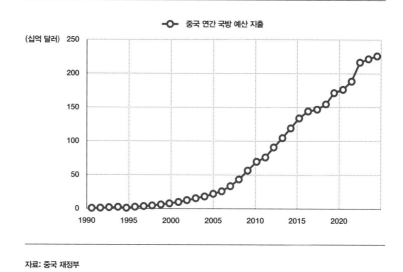

자료: 중국 재정부

령 첫 번째 임기의 성과였다.

따라서 트럼프 대통령의 향후 정책 방향성을 고려하기 위해서는 중국과의 패권전쟁부터 봐야 한다. 이를 위해 투자자들이 주목해야 할 것은 '압박(또는 규제)'보다 '투자'여야 한다. 압박은 (주식시장에서) 일시적인 반사 수혜와 같은 기회를 만들어 주긴 하지만, 오히려 패권전쟁을 위해 '투자를 확대'하는 것은 빅 트렌드(Big Trend)로서의 기회를 만들어 주기 때문이다. 그리고 그 이유는 중국과의 패권전쟁보다 70년 앞선, 1950년대 미국과 소련 간 패권전쟁에서 찾을 수 있다.

스푸트니크 모먼트

1957년 10월 4일, 소련이 인공위성 '스푸트니크 1호(Sputnik 1)'를 발사해 지구 궤도에 진입시키는 것에 성공했다. 발사에 성공한 세계 최초의 인공위성이었다.

그런데 문제는 소련의 인공위성 발사를 성공시킨 기술이 '로켓 기술'이라는 점이었다. 로켓은 달리 표현하면 사실상 '미사일'이기 때문에 소련과 패권전쟁을 하던 미국은 미사일 공격을 당할 위협을 고려하지 않을 수 없게 된 것이다. 또한, 스푸트니크 1호 발사 성공을 통해 소련이 인공위성으로 미국 본토에서 일어나는 일들을 관측 및 감시할 수 있게 되어 미국 입장에서는 정보 수집의 열위에 놓일 수밖에 없게 되었다.

이러한 상황에서 미국 정부는 어떤 선택을 해야 했을까? 지금의 미국은 동맹국들을 압박해 중국을 제재(중국에 대한 수출입 제재 등)할 수 있지만, 자유민주주의와 공산주의 진영이 맞서던 1950년대 냉전 시대에는 소련의 영향력이 상당했기에 지금의 대중국 제재와 같은 압박은 사실상 불가능했다. 따라서 미국 정부 입장에서는 소련의 기술력에 뒤처지지 않을 자체적인 기술 확보를 위한 '투자 확대'만이 유일한 선택지였다.

연방정부 R&D (GDP 대비 비중)

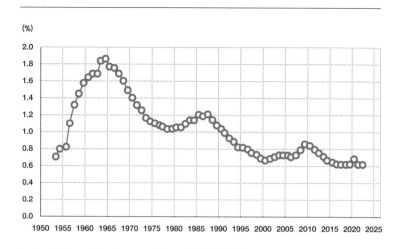

자료: 중국 재정부

    실제로 미국의 연구개발(R&D) 투자 흐름을 보면, 특히 1950년대 중후반부터 연방 정부의 R&D가 급격히 높아지는 것을 확인할 수 있다. 특히 1950년대 중반부터 1960년대 중반까지 급증하고, 그 이후에는 그와 같은 증가세가 관찰되지 않았던 사실로 봤을 때 1950년대 후반부터 1960년대 초중반까지의 흐름은 분명 특이점이 있었다고 볼 수 있겠다. 이는 분명 '소련과의 패권전쟁' 때문이었고, 그 직접적인 계기가 된 사건이 바로 '소련의 인공위성 발사 성공'인 것이다.

    단순히 R&D만 증가한 것이 아니라, 투자를 주도할 기관들이 설립되고 역사에 기록될 프로젝트도 시작됐다. 소련의 인공위성 발사 직후, 1958년 미국에서는 우주 및 항공 연구기관인 '항공우주국(NASA)'가 설립됐고 국방부 소속기관으로 군사 기술 관련 연구개발을 담당하는 '국방고등연구계획국(DARPA)'가 설립됐으며, 미국의 첫 유인 우주 계획인 '머큐리 프로젝트(Project Mercury)'가 추진됐다.

'스푸트니크 모먼트'는 이러한 상황과 변화를 의미하는 표현인데, '경쟁에서 심각한 도전에 직면했을 때 이를 계기로 혁신을 가속화하는 것'을 의미한다. 지금 미국은 다시 한번 중국과의 관계에서 '스푸트니크 모먼트'를 경험하고 있는 중이다. 혁신을 가속화하기 위한 투자가 또다시 진행되고 있고, 1950년대와 마찬가지로 2020년대에도 그 중심에는 '우주산업'이 있다.

우주항공 투자의 시대가 온다

DARPA 이야기:
우주산업과 기술 혁신

1950년대 스푸트니크 모먼트의 중심에는 '국방고등연구계획국 (DARPA)'이 있었다. 2020년대에 또다시 찾아온 스푸트니크 모먼트의 중심에도 'DARPA'가 있을 것이다. 그렇다면 DARPA는 무엇이고, 스푸트니크 모먼트와는 무슨 관련이 있으며, 이 기관이 우주산업 전체에서 갖는 의미는 무엇일까?

DARPA 이야기:
우주산업 투자의 의미

바이든 전 미국 대통령은 취임 전 행정부를 구성하면서 OSTP(The

Office of Science and Technology Policy; 과학기술정책실) 실장으로 에릭 랜더(Eric Lander) MIT 교수를 초빙하기 위한 서신을 보냈다. 그리고 그 서신의 시작은 다음과 같다.

In 1944, President Franklin D. Roosevelt authored a letter to his science advisor, Dr. Vannevar Bush, posing the question of how science and technology could best be applied to benefit the nation's health, economic prosperity, and national security in the decades that would follow the Second World War.

1944년 프랭클린 D. 루즈벨트 대통령은 명망 있는 과학자 버니바 부시 박사에게 편지를 써, 제2차 세계대전 이후 과학 기술이 어떻게 하면 수십 년 동안 국가의 건강, 경제 번영, 국가 안보에 도움을 줄 수 있을지에 대한 질문을 던졌습니다.

– 2021년 1월, 바이든 당선인이 에릭 랜더 교수에게 보낸 서신의 첫 번째 문장

서신은 1944년 루즈벨트 대통령이 버니바 부시*에게 보낸 서신을 언급하며 시작되는데, 이것은 어떤 의미일까?

그리고 바이든 대통령의 서신 중 두 번째 문장은 루즈벨트 대통령의 요청에 대한 버니바 부시의 회신을 언급한다. 그 내용은 다음과 같다.

Dr. Bush's response came in the form of a report, titled 'Science - the Endless Frontier', that would form the basis of the National Science Foundation and set the course of scientific discovery in America for the next 75 years.

부시 박사는 '과학, 그 끝없는 개척자'라는 제목의 보고서를 통해 그에 답변했습니다. 이 보고서는 미국 국립과학재단의 기초를 형성했고, 이후 75년 동안 미국의 과학적 발견의 길을 열었죠.

– 2021년 1월, 바이든 당선인이 에릭 랜더 교수에게 보낸 서신의 두 번째 문장

바이든 대통령의 두 문장을 이해하기 위해서는 버니바 부시의 보고서 '과학, 그 끝없는 개척자(Science - the Endless Frontier)'가 어떤 것인지, 그리고 이것이 지금 우리에게 무엇을 의미하는지 살펴봐야 할 것이다.

* 버니바 부시는 MIT 공과대학 학장으로, 1939년에는 국가방위연구위원회 의장, 1940년에는 대통령 국방연구위원회 의장, 1941년에는 과학연구개발실장을 역임했다. 미국 과학기술 정책의 출발점을 설계하고, 미국 과학기술 정책의 청사진을 제시한 인물로 평가받고 있다.

먼저, 루즈벨트 대통령이 버니바 부시에게 서신을 보낸 시점을 봐야 한다. 1944년 11월인데, 이때는 1941년 일본의 진주만 공습으로 미국이 제2차 세계대전에 참전한 이후 약 3년이 지난 시점이었다. 참전이 본격화되면서 막대한 규모의 자금이 군사 목적 연구개발에 투입되던 때였다. 루즈벨트 대통령은 서신을 통해 버니바 부시에게 4가지 질문을 하고 조언을 구했는데, 그 내용은 다음과 같다.

① 전쟁 중 군사 목적의 연구개발이 과학기술 지식에 기여한 바를 알릴 방법
② 질병 퇴치를 위한 의학연구 프로그램을 설계할 방법
③ 공공 및 민간 연구기관의 연구 활동에 대해 정부가 지원해야 할 것
④ 젊은 미국인들의 과학적 재능을 개발하기 위한 프로그램 기획

루즈벨트 대통령의 요청에 따른 결과물이 약 8개월 뒤인 1945년 7월에 완성된 '과학, 그 끝없는 개척자'이며, 보고서의 주안점은 아래의 내용을 강조한 것이었다.

- 정부 투자가 국방 중심이 아닌 국익 증진으로 옮겨가야 한다는 점
- 앞으로 나아가야 할 방향은 군사 목적에만 국한되었던 과학 기술의 활용과 다변화

- 장기적인 과학기술 투자를 위한 국가 차원의 과학 재단(National Science Foundation)설립 제안

그 결과물이 지금의 미국 국립과학재단(NSF, National Science Foundation)이며, 이후 수십 년간 미국 과학기술 정책의 청사진이 됐다.

과학, 그 끝없는 개척자: 미국 과학연구의 청사진

버니바 부시, 1945

1. Roosevelt's Letter(루즈벨트의 서신)

루즈벨트 대통령은 아래 제시된 4가지 질문에 대한 조언을 버니바 부시에게 요청했다.

① 군사 안보를 위한 연구개발이 과학기술 발전에 기여한 바를 알릴 방법
② 질병 퇴치를 위한 연구를 지속하기 위한 프로그램 조직

③ 정부의 공공·민간기관 연구개발 지원 방법 및 역할

④ 과학 인재 발굴을 위한 프로그램 제안

위 내용은 과학기술 연구개발을 바탕으로 국민 복지를 증진할 수 있는 방안을 모색하기 위해 작성됨

2. Vannevar Bush's Report(버니바 부시의 보고서)

① 요약

· 과학적 지식의 단순한 적용이 아닌, 과학 영역의 개척을 위한 원초적 연구의 필요성 제기

· 보고서의 주안점은 정부 투자가 국방에서 국익 증진으로 옮겨가야 한다는 것

② 과학의 진보는 필수적이다

과학적 진보의 중요성을 역설. 과학에 대한 연구개발과 투자는 새로운 지식을 습득하는 데에 있어서 선행되는 본질적 요소임

과학적 진보 없이 건강, 번영, 안보를 증진시키는 성과물을 얻을 수 없음

따라서 과학의 진보만이 일자리 창출, 국민 복지 향상, 국가 안보 증진 이라는 정부 목표를 실현시킬 수 있을 것

→ 이러한 과학 연구의 필요성을 바탕으로 현안을 짚어보고 정부의 역할을 제시

③ 질병과의 전쟁

정부는 의과대학의 기초적 연구에 대한 재정적 지원을 확대해야 함

지금까지 질병과의 전쟁에서 큰 성과를 거두었지만, 아직 개척되지 않은 영역이 많이 남아 있음

(실례로 기대수명은 65세로 연장되었으나, 질병 사망자가 전사자를 상회함)

현 과제를 풀어가기 위해 원초적 의학 연구에 대한 투자가 이루어져야 하는데, 이에 대한 중요도와 관심이 떨어지고 있는 추세임

→ 따라서 지원에 대한 구조적 변화가 필요함

④ 과학과 공공복지

공공복지 증진의 일환인 완전고용 달성은 기초과학 연구의 산물임

따라서 유럽에 대한 의존을 탈피하고 독자적인 과학 자본을 구축하기 위해 다음과 같은 노력이 필요함

우선 과학 분야 인재 양성을 위한 대학 및 기관을 강화해야 하며, 공적 자금 투입을 확대해야 함

→ 이는 현존하는 과학적 지식의 응용 및 적용에서 더 나아가, 새로운

지식 확장을 가능하게 할 것임

⑤ 과학 인재 개발

과학 기술의 확장은 본질을 이해하는 것에서 시작되며, 이를 위해 숙련된 전문가가 필요 (전쟁으로 인해 전문 인력 부족한 상황)

→ 따라서 과학에 대한 학문적 호기심이 국가적 필요로 이어지는 청년층에 대한 지원 및 투자가 이뤄져야 함

→ 경제적 부담으로 고등교육을 받지 못하는 이들에게 장학금 지원, 연구개발에 있어 재량권 부여함으로써 기술&산업의 발전 도모

따라서 바이든 전 대통령이 OSTP 실장을 초빙하기 위해 버니바 부시의 보고서를 인용한 것은 곧 중국과의 패권전쟁에서 국방과 과학기술에 대한 장기적인 투자를 확대하기 위한 목적이라고 이해할 수 있겠다.

한편, 바이든 전 대통령의 부름을 받았던 에릭 랜더 교수는 2022년 2월 직장 내 괴롭힘 문제로 사임하게 되는데, 그 후임자로 아라티 프라바카(Arati Prabhakar)라는 인물이 지명됐다. OSTP 실장이 된 Arati Prabhakar의 이력에서 또 하나 특이점이 확인되는데, 2012~2017년, 미국 고등연구계획국(DARPA: Defense Advanced Research Projects Agency)의

수장이었던 것이다. 그렇다면 DARPA는 어떤 기관이며, 왜 주목해야 하는 것일까?

DARPA는 미국 국방부 산하의 연구기관으로, 민간에서 투자하기 어려운 초기 기술에 대해 정부로서 지원해 주는 역할을 한다. DARPA는 1958년 창설된 ARPA에서 비롯되었다. 1957년 소련의 스푸트니크 1호(인공위성)에 위기의식을 느낀 미국이 과학기술 분야에 대한 연구를 위해 설립한 것이다. 앞서 설명한 '스푸트니크 모멘텀'의 결과물인 셈이다. 기술적으로 연구할 가치가 충분하지만, 비용이 많이 들고 당장 수익화하기엔 어려워 민간에서 선제적으로 투자하기 어려운 분야를 정부가 앞장서서 지원해 주려는 목적을 가진 기관이다.

공군 전투력 관점에서는 당시 미국이 소련을 압도했던 반면, 미사일 기술은 소련이 앞서 있었다. 이러한 상황에서 1957년 소련의 스푸트니크 1호 발사와 그 성공은 곧 소련의 핵 미사일이 언제든지 미국 본토를 공격할 수 있음을 가리켰고, 이에 미국 정부에서 대응책 마련을 위해 설립한 것이 NASA와 DARPA였다(1958년). 그리고 1958년에는 머큐리 프로젝트라는 우주 프로젝트를 시행하기에 이르렀다. 미국과 소련 간 패권전쟁으로 인해 본격화된 것이 우주산업이며, 그 결과 설립된 기관이 DARPA인 것이다. 즉 DARPA는 미국과 소련 간 패권전쟁의 산물이며, 첫 번째 우주 시대(올드 스페이스, Old Space)의 서

막을 알린 기관이기도 한 것이다.

그렇게 미국과 소련의 패권전쟁이 1950년대부터 수십 년간 지속됐으나, 1991년 12월 26일 소련이 최종적으로 붕괴하면서 그 막을 내린다. 마침 1979년 미중 수교 조약이 발효되어 있었기 때문에, 1990년대부터는 본격적인 세계화 시대가 열리면서 더 이상의 패권전쟁은 진행되지 않는 것처럼 보였다.

한편, DARPA는 군사적 목적에서 출범했지만 이후에는 '민간으로의 기술 이전'을 하게 되면서 기관 출범의 시대적 배경이었던 탈세계화 시대의 종료에도 불구하고 미국의 기술 혁신 역사에서 중요한 발자취를 남기며 그 존재감을 계속해서 드러냈다. DARPA의 지원을 통해 발명된 기술의 주요 예는 인터넷, 마우스, 드론, 수술로봇, GPS 등이다.

그런데 2017년, 트럼프 대통령의 첫 번째 임기가 시작되면서 DARPA의 존재감이 다시 한번 드러나기 시작했다. 2000년 이후로 10여 년간 큰 변동이 없었던 DARPA의 예산이 정확히 2017 회계연도부터 증가하기 시작한 것이다. 트럼프 대통령의 임기가 시작한 연도이자 미중 패권전쟁이 본격화된 그 시점이다. 그리고 2025년, 그 도널드 트럼프가 다시 미국 행정부의 수장으로 돌아왔다. 이는 다시한번 DARPA에 주목해야 할 시기가 되었음을 시사한다. 참고로 한국

DARPA 예산 '우주항공' 관련 항목들의 예산 추이

자료: DARPA

백만 달러

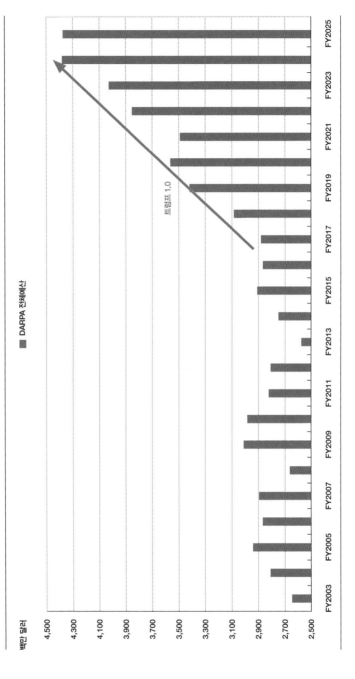

■ DARPA 전체예산

트럼프 1.0

FY2003 FY2005 FY2007 FY2009 FY2011 FY2013 FY2015 FY2017 FY2019 FY2021 FY2023 FY2025

4,500
4,300
4,100
3,900
3,700
3,500
3,300
3,100
2,900
2,700
2,500

DARPA 예산 '우주항공' 관련 항목들의 예산 추이

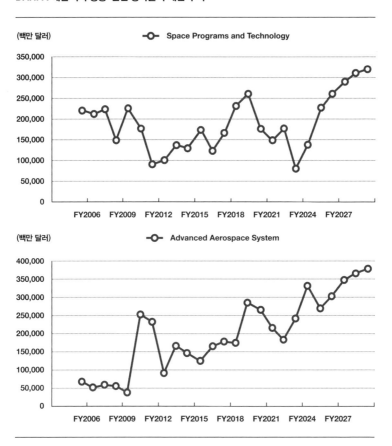

자료: DARPA

정부(과학기술정보통신부)도 2022년 중점 추진과제로 '한국형 DARPA 도입'을 제시한 바 있는데, 이를 통해 'DARPA'가 갖는 정치·기술적 중요성을 유추해볼 수 있다.

우주항공 투자의 시대가 온다

연구기관의 예산이 증가하는 것은 어딘가로 '투자를 확대'한다는 것과 같은 의미다. 특히 DARPA는 1950년대 미국과 소련 간 패권전쟁 때문에 설립된 기관이다. 그런데 이 기관의 예산이 미국과 중국 간 패권전쟁이 본격화하는 시기에 다시 증가하고 있다면, 그 예산 증가는 패권전쟁 관점에서 미국 정부가 투자를 확대하는 것이라고 이해할 수 있을 것이다. 따라서 DARPA의 예산이 확대되는 분야, 즉 미국 정부가 투자를 확대하는 분야를 확인함으로써 미국의 투자 방향성을 가늠해볼 수 있을 것이다. DARPA의 목적 자체가 군사적 목적에서의 투자를 통해 이를 민간에 이전하는 것이기 때문이다. 특히 DARPA의 예산은 매우 세부적으로 분류되기 때문에 주식투자자 입장에서도 참고해 볼만한 가치가 충분하다.

DARPA를 통해 투자 아이디어를 얻는 방법은 항목별 예산을 확인하는 것이다. 예산 증가율이 높다면, 미국 정부에서 중요한 방향성이라고 생각하고 지원을 확대하는 것이기 때문이다. 참고로 FY2023 예산 증가율이 가장 높았던 것은 3DHI(3D Heterogeneous Integration)이었는데, 이는 반도체 후공정 패키징 기술에 해당한다(2023년 주식시장 주도 테마: 반도체 후공정 패키징). FY2024 예산 증가율이 가장 높았던 항목은 첨단 항공우주 시스템(Advanced Aerospace System)과 우주 프로그램 및 기술(Space Programs and Technology)이었는데, 각각은 주로 국방 기술 및 우주항공 기술과 관련된 것이었다(2024년 주식시장 주도 테마: 방산/우주). 그리고 FY2025 이후부터 FY2029까지 국방 분야 및 우주항공 분야에 대한 예산은 계속해서 증가할 것으로 계획되어 있다. 우주항공 기업들에 대한 관심을 본격화해야 하는 아이디어로 생각해 볼 수 있을 것이다.

우주항공 투자의 시대가 온다

우주산업 투자의
본격화와 미국 정부

1950년대에서 2020년대까지:
우주산업의 역사와 변화

2020년대 미국의 스푸트니크 모먼트를 이끌 산업 중 하나는 단연 '우주산업'이 될 것이라는 점을 DARPA를 통해 살펴봤다. 그러나 2020년대의 우주산업은 1950년대와는 다소 다른 모습일 것이다. 그 차이와 변화를 이해하기 위해서는 우주산업의 역사를 알 필요가 있다. 우주산업의 역사를 돌이켜보고, 변화의 방향을 예측해 보자.

미국의 우주산업은 3단계의 역사적인 변화를 거쳐왔다. 첫 번째 시대는 올드 스페이스(Old Space)라고 불리는 시대인데, 1950년대 후반부터 1970년대 초반까지를 가리킨다. 그리고 두 번째 시대는 사실상 우주산업에 대한 투자가 중단됐던 시기로, 소련의 붕괴와 냉전시대의 종료 등으로 인해 우주산업의 발전이 멈춘 시기였다. 1970년대 중반부터 2000년대 초중반까지의 시기에 해당한다. 그리고 세 번째 시대는 뉴 스페이스(New Space) 시대라 하고 2010년 전후부터 현재까지를 가리킨다.

우주산업의 역사, 즉 우주산업의 첫 번째 시대는 나치 독일과 2차 세계대전에서부터 시작한다. 제2차 세계대전 동안, 나치 독일은 연합국을 원거리에서 공격하기 위한 목적으로 V2 로켓을 개발했는데(나치 독일은 V2로 영국을 공격함), V2 로켓이 바로 탄도로켓 유도탄의 시초이자 인공위성 발사용 로켓의 시초가 된다.

그런데 나치 독일이 2차 세계대전에서 패배하자 미국과 소련은 V2 로켓을 확보하려 했다. 그리고 소련이 먼저 V2 로켓을 확보할 수 있었다. 반면 V2 로켓을 확보하지 못한 미국에 기회가 찾아왔는데, 이는 V2 로켓의 개발자인 베르너 폰 브라운(Wernher von Braun) 박사가 미국으로의 망명을 선택한 덕분이었다. 이후 폰 브라운 박사는 미국 우주산업의 발전에 큰 공헌을 하면서, 나치 독일의 부역자임에도 불구하고 '로켓 공학의 아버지'라고 불리게 된다.

V2 로켓을 확보한 소련과 V2 로켓의 개발자(베르너 폰 브라운)를 확보

한 미국은 처음에는 다른 행보를 보였다. 로켓 및 우주산업에 더 열성적이었던 것은 소련이었다. V2 로켓을 해체하는 방식으로 로켓을 연구한 소련은 1957년, 세계 최초의 인공위성 '스푸트니크 1호'를 발사하며 과학기술 및 우주산업에서 미국을 앞서나가는 듯한 모습을 보였고, 이는 미국을 충격에 빠뜨리기에 충분했다. 당시 첫 유인 우주선에 탑승했던 유리 가가린은 인류 역사상 최초로 우주에 나간 인간으로 기록되었다.

그때까지만 하더라도 베르너 폰 브라운 박사는 그의 과거 이력 때문에 미국 정부의 우주 연구에 적극적으로 참여하지 못했다. 하지만 소련의 스푸트니크 발사 성공을 계기로 미국 정부도 우주에 대한 투자를 가속화했고, 그때부터 베르너 폰 브라운 박사가 주요한 역할을 맡을 수 있었다.

당시 소련의 인공위성 발사 성공은 2가지를 시사했는데, 첫 번째는 군사적 의미로서 '핵 미사일의 미국 본토 공격 가능성'을 의미했으며, 두 번째는 기술적 의미로서 소련의 과학기술이 미국을 앞서 나갈 수 있음을 뜻했다. 이에 조급해진 미국은 1958년에 순차적으로 DARPA 설립(2월), NASA 설립(8월), 머큐리 프로젝트(10월: 미국의 첫 유인우주선 궤도 비행 추진)를 추진했다. 그리고 1961년에는 유인 달 착륙을 계획한 아폴로 프로젝트를 추진했으며, 그 결과가 바로 1968년의 최초의 우주여행 유인선 '아폴로 8호'와 1969년 암스트롱의 달 착륙 '아폴로

11호' 등이다.

이때의 우주항공 산업 시대를 '올드 스페이스(Old Space)'라고 부른다. 올드 스페이스 시대의 우주산업에서 가장 중요한 것은 우주산업 투자는 체제 간 경쟁 때문에 이루어졌다는 점이다. 여기서부터 올드 스페이스 시대의 우주산업 특징 세 가지가 모두 파생된다.

첫째, 우주산업에 대한 투자는 과학기술의 우위를 선점하기 위함이었다. 1950년대는 자유민주주의와 공산주의 간의 이념체제 대립이 극에 달했던 시기였기 때문에, 과학기술의 우위를 보여주는 것이 곧 체제의 우위를 의미하기도 했다. 따라서 비용의 효율화는 고려 대상이 아니었다. 정부 예산을 어떻게든 더 투입해 기술적인 우위를 보여주는 것이 제1의 과제였다.

둘째, 우주산업에 대한 투자는 사실상 국방에의 투자였다. 인공위성 발사용 로켓의 시초가 된 V2 로켓이 실은 원거리 공격용 미사일이었다는 점에서 우주산업 기술의 국방 기술로서의 의미를 이해할 수 있는데, 그에 따른 결과로 이때의 우주산업은 발사체 제작 및 인공위성 제작 중심으로 형성된다. 당시의 우주산업은 정부(NASA)가 선발한 인원들을 우주에 수송하고, 달에 착륙해서 탐사를 하는 활동으로 제한됐다.

NASA 예산

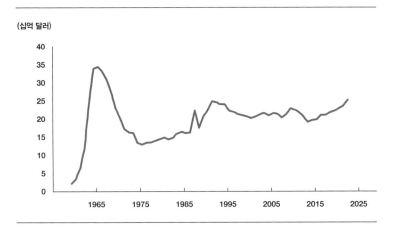

(십억 달러)

자료: NASA 주: 2020년 달러화 가치를 기준으로 인플레이션 적용

    셋째, 우주산업에 대한 투자의 주체가 정부였다. 우주산업은 체제 간 경쟁의 산물이었으므로 당연히 그 주체는 정부일 수밖에 없었다. 정부가 주도했고, 과학기술의 우위를 선점하는 것이 목적이었기 때문에 당연하게도 '사업화(수익화)'를 할 필요가 없었다. 우주산업에 참여한 민간 기업들은 정부의 예산을 받아 프로젝트를 수행하면서 매출을 발생시키는 것이 사업화의 전부였다. 사업화를 하지 않았기 때문에, 우주산업의 성장에는 근본적으로 한계가 있었던 시기였다.

    우주산업의 두 번째 시대는 1970년대 중반부터 2000년대 초중반에 해당하는데, 이때는 우주산업의 침체기로 볼 수 있는 시기이다. 두 가지 이유 때문에 우주산업에 대한 투자가 감소했기 때문이다.

우주산업 투자 감소의 첫 번째 이유는 이 시기부터의 우주산업은 경쟁이 아닌 국제협력의 대상이 되었기 때문이다. 경쟁적인 투자에 따른 과잉투자가 일단락된 시기로 볼 수 있다. 1975년 미국과 소련 간 최초의 협력이었던 '아폴로-소유즈 시험 계획'이 추진되고, 1984년에는 미국 주도로 유럽과 캐나다, 일본 등이 참여한 'Freedom 우주정거장' 건설 계획이 추진된다. 1998년에는 미국과 러시아의 국제우주정거장 협력이 추진되기도 했다. 이러한 변화의 배경은 냉전체제가 점차 완화된 것에서 찾을 수 있는데, 실제로 미국과 러시아의 국제우주정거장 협력은 구소련이 붕괴된 이후라는 점을 통해 알 수 있다. 냉전체제의 결과로 우주산업에 대한 투자가 본격화되었기 때문에, 냉전체제의 완화는 필연적으로 우주산업 투자 축소로 이어질 수밖에 없었다.

두 번째 이유는 이 시기에 우주산업에서 사고가 연이어 발생했기 때문이다. 특히, 1986년에 발생한 미국의 챌린저호 폭발로 선원들이 전원 사망하는 사고가 발생했다. 냉전시대 우주산업의 성장에 대해 열광적인 지지를 보냈던 국민들이 냉전시대의 완화와 함께 우주산업에 대한 관심을 잃어가던 중 사고가 발생하면서 우주산업 대규모 예산 편성에 의문을 제기하는 여론이 심화되었다. 이와 같은 일련의 흐름은 곧 우주산업의 침체에 결정적인 영향을 주었다.

우주산업의 세 번째 시대는 2000년대 중후반부터 시작됐다. 이번에는 1950년대와는 달리 정부가 아닌 민간이 주도한 변화였다. 바로 일론 머스크와 스페이스X의 등장이다. 그리고 2025년, 일론 머스크가 트럼프 행정부의 핵심 인사로 미국 행정부에 참여하고 있다. 민간이 주도해서 시작된 변화에 이제 정부까지 참여하게 될 가능성이 있게 된 것이다.

트럼프 대통령은 다시 한번 우주산업에 대한 투자를 확대하며 의지를 보여주고 있는데, 1950~1960년대 미국의 우주산업 투자는 소련과의 패권전쟁을 위한 것이었다면 2020년대의 우주산업 투자는 중국과의 패권전쟁을 위한 것이 되겠다.

2000년대 중후반부터 시작된 우주산업의 세 번째 시대는 '뉴 스페이스(New Space)' 시대라고 불린다. 지금의 우주산업은 '올드 스페이스(Old Space)' 시대와 몇 가지 큰 차이점이 있다. 그에 앞서, 가장 중요한 점은 뉴 스페이스 시대에는 우주산업 투자의 주체가 민간이 되었다는 점이다. 여기에서부터 올드 스페이스 시대와의 모든 차이가 파생된다.

변화의 상징은 2010년 오바마 행정부의 컨스텔레이션 계획(Constellation Program: 2004년 부시 행정부에서 추진한 달 탐사 계획으로 NASA가 주도) 취소다. 컨스텔레이션 계획 취소는 우주항공 분야에 대한 투자 중단이 아니라, 정부 주도의 투자에서 민간 주도의 투자로 전환함으로써 효

올드 스페이스(Old Space)와 뉴 스페이스(New Space) 특징 비교

구분	올드 스페이스	뉴 스페이스
목표	국가적 목표	상업적 목표
개발 기간	장기	단기
개발 주체	국가 연구기관, 대기업	중소기업, 스타트업, 벤처
개발 비용	고비용	저비용
자금 출처	정부	민간
관리방식	정부 주도 (공공자본)	자율 경쟁 (산업자본)
특징	보수, 위험회피, 신뢰	혁신, 위험감수
대표 사례	아폴로 프로젝트, 우주왕복선, 아르테미스 프로젝트	재사용 로켓, 우주 광물채굴, 우주관광
대표 기업	NASA, 보잉	스페이스X, Planetary Resources

자료: 과학기술정책연구원

율성을 높이고자 함이었다. 이러한 시대적 변화 덕분에 성공할 수 있었던 기업이 스페이스X다. 스페이스X는 2000년대와 2010년대에 NASA의 프로젝트들을 다수 수주하면서 사업을 확대할 자금을 마련할 수 있었다(COTS, CRS, CCP 등 수주).

이러한 뉴 스페이스 시대의 특징은 첫째, 민간이 주도해서 투자하므로 '사업화(수익화)'가 핵심이다. 올드 스페이스 시대의 비효율적인 방식으로는 민간기업이 수익을 창출하기 불가능하다. 상업화를 하기 위해 우주산업에 가장 필요한 것은 '비용 효율화'였다. 스페이스X는 로켓을 재사용하는 것에 성공하게 되면서 로켓 발사 비용을 급감시킬 수 있게 되었고, 이는 우주산업의 성장에 중요한 밑거름이 되었다.

둘째, 우주산업의 주요 영역이 발사체 제작 및 인공위성 제작에서 인공위성 운영 및 서비스로 확장되었다(업스트림에서 다운스트림으로 확장). 로켓 발사 비용이 감소하면서 인공위성을 활용하려는 정부 및 기업들이 증가하게 되었고, 증가한 인공위성은 서비스의 확장으로 이어지고 있다. 군사적인 목적에서의 관측 활동에서부터, 상업적인 목적에서의 위성 데이터 활용(기상 데이터, 지리 데이터 등)까지 그 활용 분야가 무궁무진하다. 민간 기업들은 그 무궁무진한 가능성에 대비해 우주산업의 모든 밸류체인을 상업화하고, 또 산업의 영역 자체를 계속해서 확장하며 산업의 규모를 확대해가고 있다.

이러한 이유로 뉴 스페이스 시대 우주산업의 주 목적은 상업화와 산업의 영역 확장이 되겠다. 그리고 그것을 결정하는 것은 사실상 우주산업을 선도하고 있는 기업가 일론 머스크와 스페이스X의 상상력이라고 표현해도 무방할 것이다. 따라서 우주산업의 미래를 이해하기 위해서는 스페이스X의 사업 방향성을 아는 것이 핵심이고, 이에 대해서는 4장에서 다뤘다.

NASA 프로젝트

이름	기간	내용	세부내용
프로젝트 머큐리	1958년~ 1963년	유인우주선 궤도 비행	· NASA 설립 6일 후 프로젝트 발표 · 소련보다 앞선 유인우주선 발사 목표 · 1961년 5월 셰퍼드의 탄도비행, 1961년 7월 글렌의 궤도 비행을 포함한 6번의 유인 우주선 발사 성공
아폴로 계획	1961년~ 1972년	유인 달 착륙 계획	· 케네디 대통령이 추진한 달 착륙 프로젝트 · 첫 착륙에 성공한 아폴로 11호의 닐 암스트롱을 비롯해 6번의 달 착륙, 11번의 유인 우주선 발사 성공 · 미국에서 개발한 새턴 로켓을 발사체로 사용
Vision for Space Exploration (Constellation Program)	2004년~ 2010년	유인 우주 탐사 재개	· 부시 행정부가 추진한 우주 계획의 일환으로 우주에 다시 인류를 보내 장기적인 우주 탐사 기틀을 마련하는 내용 포함 · 국제우주정거장(ISS) 완성, 우주왕복선 퇴역, 2020년까지 유인 달 착륙 재개, 궁극적으로 화성 탐사 추진 계획 · 2010년 민간 분야 활성화와 효율화 중심의 오바마 행정부 정책으로 인해 취소
상업용궤도운송서비스 (COTS)	2006년~ 2013년	민간주도 발사체 개발	· 스페이스X와 오비탈 사이언스, 국제우주정거장 시연 임무 최종 성공 · NASA의 투자 지원 하에 안정적이고 효율적인 상업용 우주운송 시스템 개발 → 이전 원가보장형 계약과 다르게 단계별 성과보수 계약으로 효율성 추구
상업화물수송 (CRS)	2008년~ 2026년	민간주도 화물 수송	· NASA와 민간이 체결한 ISS 화물 및 보급품 운송 계약 · CRS 1기는 COTS 선정업체인 스페이스X와 오비탈 사이언스가 체결 · 이후 CRS 2기로 Sierra Nevada社 추가 선정(2024년 1분기 첫 발사 계획)
'Constellation program' 폐기	2010년	NASA 주도 달 탐사 계획 폐지	· 2005년부터 NASA주도로 추진된 궤도 비행, 달 탐사, 화성 착륙 계획 · 오바마 행정부가 비용 비효율성, 발사 일정 지연 등을 이유로 폐기 → 민간 분야 활성화를 통한 시간 및 비용 효율화 추구

우주항공 투자의 시대가 온다

이름	기간	내용	세부내용
상업승무원수송 (CCP)	2011년~ 2030년	민간주도 승무원 수송	· 2011년 우주왕복선의 퇴역 이후 NASA가 민간과 체결한 승무원 수송 프로그램 · 스페이스X(2020년 운행 시작)와 보잉(2025년 예정) 선정
아르테미스 계획	2017년~ 진행중	민관협력 달 착륙 및 탐사 계획	· NASA에서 개발한 SLS 발사체와 오리온 우주선을 이용한 달 탐사 프로젝트 · 무인 달 궤도 비행(2022년 성공, 1단계), 유인 달 인근 비행(2024년, 2단계), 유인 달 착륙 및 달의 남극점을 비롯한 달 탐사 계획(2025년, 3단계) · 향후 추가적인 아르테미스 계획을 통해 달게이트웨이 보강 및 달 탐사 진행 · 달 착륙시 필요한 착륙선을 위해 스페이스X와 블루오리진과 계약
민간저궤도개발 (CLD)	2021년~ 진행중	민간 상업용 국제우주정거장	· 국제우주정거장 운영 종료(2031년) 이후 민간주도 정거장 개발 지원 · 나노랙스, 블루오리진, 엑시옴 스페이스 등 개발 착수

자료: NASA, KB증권

민간이 주도하는 시대라고 해서 미국 정부가 아무 역할도 하지 않는 것은 아니다. 트럼프 대통령은 그의 첫 임기 때 국가우주위원회를 10여 년 만에 다시 가동했고, 우주군을 창설했다. 그리고 달 유인 착륙 프로그램인 아르테미스 프로젝트를 추진했다. 아르테미스 프로젝트는 NASA에서 개발한 SLS 발사체와 오리온 우주선을 이용한 달 탐사가 주목적이었는데, 달 착륙 시에 필요한 착륙선을 위해 스페이스X 등 민간 기업들과 계약을 맺었다. 1950~1960년대에 비해서는 작은 규모지만 정부의 우주산업 예산이 확대되고, 그것이 민간 기업

제1의 Moon Race: 정부 주도의 우주항공 투자 시대

1957
소련: 세계 최초의 인공위성 발사 (스푸트니크 1호)

1958
미국: DARPA 설립, NASA 설립, 머큐리 프로젝트 추진 (유인 우주선 궤도 비행 추진)

1961
미국: 케네디 대통령의 아폴로 프로젝트 추진 (유인 달 착륙 계획)

1969
미국: 세계 최초의 달 착륙 성공 (닐 암스트롱)

국제 협력의 시대이자, 우주산업의 침체기

1975
아폴로-소유즈 시험 계획 (미국&소련 최초의 우주 협력)

1984
미국: 'Freedom' 우주정거장 건설 계획 추진 (미국 주도, 유럽/캐나다/일본 참여)

1986
미국: 챌린저호 폭발 (우주산업 투자에 대한 여론 악화)

1998
미국&러시아의 국제 우주정거장 협력

제2의 Moon Race: 정부/민간 주도의 우주항공 투자 시대

2002
스페이스X 설립

2004
미국: 부시 행정부, Constellation Program 추진 (2020년까지 달 착륙 목표)

2010
미국: 오바마 행정부, 'Constellation Program' 폐기 (주도권 변화: 정부 → 민간)

2017
미국: 트럼프 행정부, 아르테미스 프로젝트 추진 (2025년 달 착륙 목표)

자료: NASA, KB증권

우주항공 투자의 시대가 온다

기술개발 자금의 원천이 되는 구조를 다시 한번 만들고 있는 것이다.

그리고 트럼프 대통령과 공화당은 2기 행정부에서도 우주산업에 대한 투자를 예고하고 있다. 공화당은 2024년 11월 미국 대선 전에 차기 행정부의 정책 방향성을 담은 정당 강령인 '미국 우선주의: 상식으로의 회귀(America First: A Return to Common Sense)'를 채택했는데, 이 강령에는 '지구 근궤도에서 강력한 제조 산업을 건설하고 우주비행사를 달과 화성으로 보내며, 민간 우주 부문과의 협력을 강화해 우주에 접근·거주 및 우주 자산을 개발하는 능력을 발전시킨다'는 우주산업에 대한 계획이 포함되어 있다.

그리고 2025년, 이러한 정책들과 함께 트럼프 대통령이 다시 미국 행정부의 수장으로 백악관에 돌아왔다.

2장

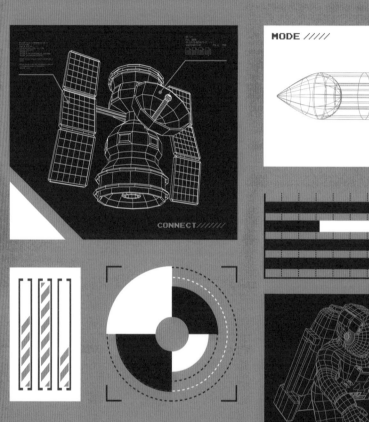

MODE /////

CONNECT/////////

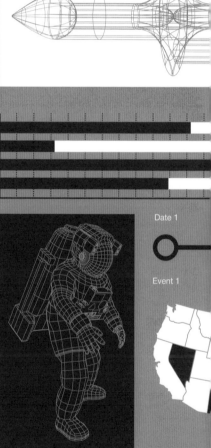

Date 1

Event 1

우주산업의 현주소

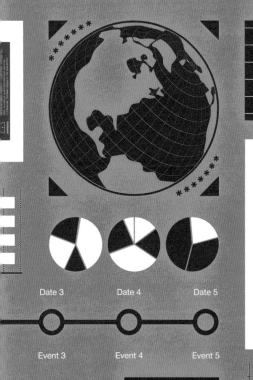

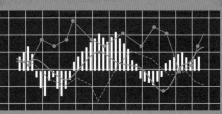

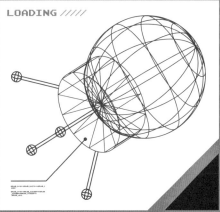

LOADING //////

Date 3   Date 4   Date 5

Event 3   Event 4   Event 5

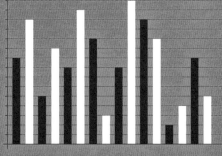

우주산업의
밸류체인

우주산업의 밸류체인

일반적인 산업 밸류체인(Value Chain) 구분에 따라 우주산업을 분류하면 업스트림, 미드스트림, 다운스트림이라는 세 가지 단계로 나눌 수 있다. 그리고 이를 우주산업의 관점으로 세분화하면 ① 발사체 제조, ② 인공위성 제조, ③ 인공위성 운영, ④ 인공위성 서비스 등 네 가지 산업으로 구분된다.

업스트림(Upstream) 단계는 초기 단계를 의미하며, 원자재나 원료를 수집하고 가공하여 중간재 또는 기초소재를 생산하는 활동을 가리킨다. 우주산업에서는 모든 우주활동의 시작점인 발사체(로켓) 제조 및 발사 서비스와 인공위성 제작 및 부품 생산이 업스트림 단계에 해당한다.

업스트림 단계는 로켓 발사 서비스에서부터 시작하기 때문에, 1장에서 다룬 것처럼 미사일 발사와 유사한 면이 많다. 따라서 스페이스X가 발사 서비스 시장을 장악하기 전인 2000년대까지만 하더라도 주로 방산 기업들(보잉, 록히드마틴 등)이 지배했다(스페이스X에 대해서는 4장 참고). 미사일 발사와 유사하다는 점과 더불어, 모든 우주산업의 시작은 발사에서부터 시작되기 때문에 국가 전략적인 관점에서 매우 중요하다. 현재까지는 자체적인 로켓 발사 역량을 갖춘 국가가 미국, 중국, 인도, 유럽, 일본, 이스라엘, 이란, 한국 등 10개국 내외에 불과하며, 모두 국방에 대한 투자를 많이 하는 국가들이라는 점이 특징이다.

다운스트림(Downstream) 단계는 통상 최종 단계를 의미하며, 업스트림 단계에서 제조된 중간재와 기초소재를 활용하여 완제품을 생산하거나 다른 서비스를 제공하는 활동을 가리킨다. 우주산업에서는 위성을 통해 얻은 정보를 활용하는 활동(통신, 관측, 기타 데이터 활용 등), 우주 인프라 구축 활동, 우주 탐사 활동(달 탐사 및 기타 행성 탐사), 우주로의 관광 등이 다운스트림 단계에 포함된다.

다운스트림 단계는 2020년대부터 그 중요성이 크게 높아지고 있

우주산업 벨류체인

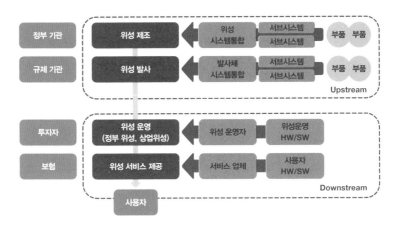

- · 우주산업 밸류체인Value Chain은 크게 ①위성제조, ②발사, ③위성 운영, ④위성 서비스 분야로 구성
- · 위성 제조와 발사 분야를 업스트림Up-Stream, 위성운영과 관련된 활동 등의 서비스를 다운스트림Down-Stream으로 구분
- · 우주산업은 시스템의 소유 혹은 운영자에 따라서 ①정부와 ②상업으로 구분할 수 있음

자료: Euroconsult 자료 재구성, KITA, KB증권

다. 흔히들 우주산업이라 하면 '우주여행'을 떠올리지만, 우주여행은 다운스트림에서 차지하는 비중이 매우 미미하고 위성통신과 관측/감시 활동, 위성을 통해 얻은 데이터를 활용하는 것(기상 데이터, 지리 데이터 등) 등이 주로 높은 성장성을 보일 수 있는 분야가 될 것이다.

에스아이에이(SIA, Satellite Industry Association) 자료에 따르면 2020년 기준 전 세계 우주산업 시장규모는 약 3,710억 달러다. 이 중 위성산업이 약 2,710억 달러로 전체 시장의 70%를 차지하고 있으며, 위

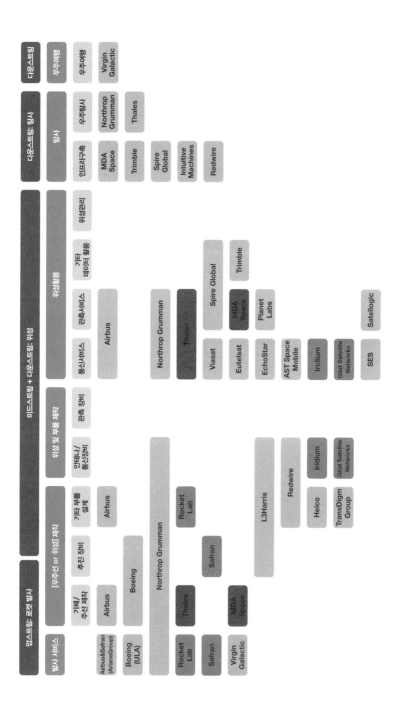

우주항공 투자의 시대가 온다

성산업 밸류체인에서 다운스트림에 해당하는 지상장비와 위성 서비스 부문이 약 93.5% 비중을 차지하고 있다. 우리의 일반적인 인식과 달리 위성체 제조와 발사체 제작이 차지하는 비중은 전체 중에 각각 4.5%, 2.0%에 불과한 것이다.

다운스트림 단계는 국가 전략적인 관점에서뿐만 아니라 민간의 사업 활동에서도 중요성이 점차 높아질 것이다. 정부 입장에서는 위성을 통해 다른 국가에 대한 감시 활동을 펼칠 수 있고 유사시 위성통신을 활용할 수도 있다. 2022년 러시아-우크라이나 전쟁 당시, 폭격으로 인해 통신이 마비된 우크라이나 지역에 스페이스X가 통신 서비스를 제공했던 사례는 국가 전략적인 관점에서 우주산업에 관심을 가져야 할 근거가 되었을 것이다. 또한, 민간 기업들도 우주산업의 다운스트림 단계에서 새로운 사업 기회들을 포착하고 있는데, 특히 주목하는 것은 위성통신의 영역이다. 이 또한 4장에서 자세히 다루려 한다.

한편, 미드스트림 단계(Midstream)는 업스트림 단계와 다운스트림 단계의 중간 영역에 해당하는데, 우주산업에서는 위성의 제작 및 활용이 미드스트림 단계에 포함된다고 볼 수 있다.

로켓 재사용이 가져온 우주산업 혁신:
민간이 주도하는 산업의 밸류체인 확장

올드 스페이스 시대(1950년대 후반~1970년대 초반)의 우주산업은 발사 서비스가 핵심이었다. 정부(NASA)가 선발한 인원들을 우주에 수송하고 달에 착륙해서 탐사를 하는 것과 같은 영역으로 제한됐던 시기다. 미국과 소련의 냉전시대에 우주산업에 대한 투자가 시작됐기 때문에 미사일 발사의 연장선인 로켓 발사가 국가 방위적인 목적에서 가장 중요했고, 또 미국과 소련의 기술패권 경쟁을 위한 목적에서 시작된 것이 우주산업이기 때문에 로켓 발사에 성공하는 것 자체가 기술적인 우위를 대외적으로 홍보하기 가장 좋은 방식이었다.

소련과의 경쟁 목적 하에 우주산업에 대한 투자가 진행됐기 때문에 우주산업은 당연하게도 미국 정부가 주도했다. NASA에 대한 미국 정부의 아낌없는 지원과 함께, 효율적인 운영보다는 기술의 우위를 선점하는 것이 제1의 목표였기 때문에 당시의 우주산업은 효율성과는 거리가 멀었다.

하지만 2000년대를 전후로 해서, 우주산업에 중대한 변화가 나타나게 된다. 바로 스페이스X의 '로켓 재사용'이다. 일론 머스크는 우주산업의 성장이 멈춘 배경 중 하나로 비용 문제를 지적했다. 스페이스X 이전의 시대에는 우주 기업들이 NASA로부터 프로젝트를 수주 받

스페이스X의 로켓 회수 장면(2024년)

자료: The Guardian

아 우주 관련 임무를 수행하는 방식이었는데, 이때 NASA와 우주 기업들이 계약을 맺은 방식은 '원가 가산 방식'이라는 형태였다. NASA가 프로젝트 담당 기업들에게 세부적인 사항들을 모두 지시하고 기업들은 그 지시를 그대로 수행하는 방식이었고, 그 과정에서 발생하는 비용을 NASA가 모두 부담하는 형태였다. 이러한 방식의 계약에서는 기업들이 스스로 기술을 혁신시킬 유인이 부족하며, 따라서 미국 우주산업은 성장이 정체되고 비용 문제는 개선될 여지가 없는 상태로 2000년대까지 이어졌다.

그런데 스페이스X는 이러한 관행에 문제를 제기하고, 또 비용 문제를 개선시킴으로써 우주산업에 혁신을 불러일으켰다. 변화의 핵심이 로켓 재사용이었던 것이다. 스페이스X는 2010년 초반부터 로켓 재사용을 위한 연구를 시작했다. 2013년에는 '로켓 초음속 역추진기술'을 시험하기 시작했는데, 이는 향후 로켓 재사용을 위한 착륙 시 이용되는 기술이었다. 그리고 2015년에는 팰컨9의 1단 로켓을 발사한 후에 육상에 착륙시키는 것을 성공했고, 2016년 4월에는 해상에 착륙시키는 것을 성공했다. 그 결과, 2017년 3월에 우주산업 최초로 로켓 재사용에 성공하게 된다.

NASA의 기존 우주 발사 시스템(SLS) 하에서의 로켓은 1회용일 뿐이었다. 한 번 발사하면 그것으로 끝이었다. 따라서 로켓 발사는 수십억 달러의 비용이 드는 매우 비효율적인 프로젝트였다. 하지만 스페이스X의 로켓 재사용이라는 혁신으로 한 번 사용한 로켓을 여러 번 사용할 수 있게 된 덕분에, 로켓 발사 비용이 기존 대비 1/10 수준으로 낮아지게 되었다.

2024년에 스페이스X가 로봇 팔로 1단 추진체를 회수하면서 큰 주목을 받은 일이 있었다. 2024년 10월 13일, 스페이스X의 1단 추진체가 역추진하며 내려왔고, 이를 발사대와 연결된 로봇 팔 '메카질라'가 붙잡으며 안전하게 지상에 착륙했다. 이전까지는 발사체가 해상에 착륙하면 그것을 지상으로 회수해서 재사용하는 방식으로 발사

2010년대의 스페이스X 매출: 발사에만 의존

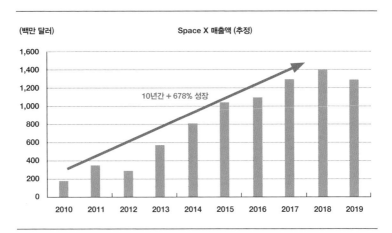

(백만 달러)   Space X 매출액 (추정)

10년간 + 678% 성장

자료: WSJ

체를 회수했는데, 이때 상당한 비용이 들 뿐만 아니라 회수하는 데에도 긴 시간이 소요될 수밖에 없었다. 하지만 로봇 팔을 통해 지상에서 바로 회수할 경우, 비용 절감이 가능할 뿐만 아니라 회수에 소요되는 시간이 없어지는 셈이다. 일론 머스크는 이에 대해 "1단 발사체를 회수 후 30분 내로 로켓에 장착, 주유한 뒤 쏘는 게 목표"라고 언급했다. 즉, 로켓 발사의 비용이 지금보다도 더 절감될 수 있음을 의미하는 것이다.

스페이스X의 로켓 재사용 덕분에 발사 비용이 획기적으로 감소할 수 있게 되면서 로켓 발사에 대한 경제적 부담이 완화되었고, 이는 2020년대부터의 우주산업 다운스트림 성장에 직접적인 영향을 미쳤

2020년대의 스페이스X 매출: 위성통신 영역으로 확장

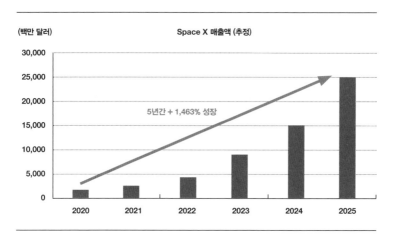

자료: Bloomberg

다. 상업화에 목적을 둔 '민간 주도의 우주 투자 시대'가 시작된 것이다.

스페이스X가 개척한 로켓 재사용 시대 이전의 우주산업은 업스트림 단계(로켓 발사)와 일부 다운스트림 단계(우주 탐사)가 주요 영역이었는데, 이때의 우주산업은 주로 B2G(기업과 정부 간 거래)와 일부 B2B(기업과 기업 간 거래) 영역에 국한됐다. 발사 비용이 수십 억 달러에 달했기 때문에 그 비용을 감당하고 수익화를 할 기업이 거의 없었기 때문이다.

하지만 로켓 재사용 덕분에 로켓 발사에 대한 경제적 부담이 완화되면서부터 이를 기반으로 한 다운스트림 단계에서의 비즈니스가 본격적으로 등장하기 시작했다. 저렴해진 발사 서비스를 이용해 위성을 우주 궤도에 올리는 정부 및 기업들이 급격히 증가하기 시작했고, 그 위성들을 활용해서 얻은 정보를 가공해서 판매하는 비즈니스가 형성된 것이다. 위성을 통한 통신서비스, 위성을 통해 정보를 획득하는 관측 및 감시, 위성을 통해 얻은 정보를 가공하는 데이터 활용 등이 그 예다.

로켓 재사용 덕분에 우주산업의 밸류체인이 다운스트림 단계까지 확장되었을 뿐만 아니라, B2G 또는 B2B 거래의 증가와 B2C(기업과 개인 간 거래)로의 확장이 가능해지기도 했다. 과거에는 로켓을 직접 쏘아 올릴 수 있는 국가들만 위성을 활용해서 관측 및 감시 등의 활동을 할 수 있었지만, 이제 로켓 발사 역량이 없는 국가들도 스페이스X의 로켓 발사 서비스를 이용함으로써 다운스트림 단계에서의 혜택을 똑같이 누릴 수 있게 되었다. 게다가 스페이스X의 재사용 시스템이 더욱 개선되고 그에 따라 로켓 발사 비용이 더욱 감소하게 된다면, 이는 저렴한 서비스를 선호하는 개인 고객들에게도 필요한 서비스를 제공할 수 있는 기회로 연결될 것이다(B2C로의 확장). 그리고 역사적으로, B2C로의 확장은 산업이 가장 폭발적으로 성장하는 단계에 다다랐음을 의미한다. 즉, 우주산업의 B2C 시장 진출이 가까워질수록, 폭발적인 성장 단계로의 진입 시점도 가까워지고 있다는 것이다.

투자자의 입장에서 본 우주산업 밸류에이션의 한계

로켓 발사 비용이 하락하면서 민간기업들이 주도해서 우주산업의 다운스트림 사업들을 펼치고 있는 것은 분명하다. 하지만 우주산업의 밸류체인 확장에도 한계가 존재할 수밖에 없다는 점을 주의할 필요가 있겠다. 대표적인 분야는 '우주 여행'이다.

막연하게 우주산업에 대해 생각했을 때 사람들이 가장 먼저 떠올리는 것은 무엇일까? 여러 가지가 있겠지만, 그중에는 분명 '우주 여행'과 '화성으로의 이주' 등이 포함될 것이다. 스페이스X를 운영하는 일론 머스크의 최종적인 꿈이 '화성으로의 이주'라는 점도 이와 관련해 생각해볼 수 있다.

투자자들이 지금 우주산업에 대해 중요하게 인지해야 할 점은 우주산업의 주도권이 정부가 아닌 민간에 있다는 것이다. 즉, 지금은 올드 스페이스 시대처럼 수익이 되지 않는다고 하더라도 정치적인 목적 하에 정부가 주도해서 사업을 추진하는 시대는 아니라는 의미다. 지금의 우주산업을 주도하는 것은 민간기업이기 때문에, 수익이 되지 않는 사업에 대해서는 추진 속도가 빠르지 않을 것이다. 우주 여행이 바로 그러한 예다.

우주 여행은 꿈의 영역이다. 지금 당장 우주로 인간을 보내는 것은 가능하기 때문에 우주로의 여행이 불가능한 것은 아니지만, 문제는 사업의 관점에서는 현실적으로 수익을 내기 불가능하다는 것이다. 수익을 내기 위해서는 우주선을 한 번 발사할 때마다 최대한 많은 인원이 탑승해야 하지만, 현재는 그럴 수 있는 인원이 매우 제한되기 때문이다. 현재 스페이스X가 시험 발사 중인 '스타십(Starship)'에는 100명의 승객이 탑승 가능하지만, 아직 시험 발사의 영역에 있기 때문에 사업화를 하기까지는 시간이 필요하다. 그리고 스페이스X 외의 민간 기업들에게는 그러한 시도조차도 여전히 먼 훗날의 이야기일 뿐이다.

2020년~2021년 초, 버진 갤럭틱(Virgin Galactic)이라는 영국의 우주 기업의 주가가 6배 급등한 바 있다. 당시 우주산업을 주도하던 기업으로, 미국 증시에 상장되어 있는 기업이다. 하지만 그때부터 주가는 99% 이하로 하락했다[2021년 초 1,200$ → 2025년 초 5$]. 2024년, 특히 2024년 하반기에는 대부분의 우주 기업들이 주목받으면서 주가가 큰 폭으로 상승했지만, 버진 갤럭틱 주가는 2024년에도 90% 하락했다[2024년 초 50$ 내외 → 2024년 말 5% 내외].

투자자 입장에서 고려해야 할 것은 '금리'다. 2020년처럼 금리가 매우 낮은 시기에는 먼 미래의 이익을 현재가치화 할 수 있는 밸류에이션 매력이 부각되기 마련이기 때문에, 밸류에이션이 극단적으로 높은 기업들도 주목받는다. 문제는 밸류에이션이 높은 기업들 중에

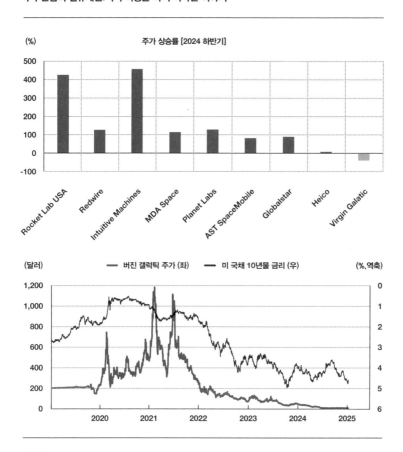

주가 상승률 [2024 하반기]

(%)

| Rocket Lab USA | Redwire | Intuitive Machines | MDA Space | Planet Labs | AST SpaceMobile | Globalstar | Heico | Virgin Galatic |

(달러) — 버진 갤럭틱 주가 (좌) — 미 국채 10년물 금리 (우) (%,역축)

서도 성장성이 가시화될 수 있는 기업과 그렇지 않은 기업이 나뉠 수 있다는 것이다.

위성통신과 관측 등의 우주산업 밸류체인은 정부의 투자와 민간의 사업화로 인해 밸류에이션은 높다고 하더라도 사업의 성장 속도는 매우 빠르다는 특징이 있어 높은 밸류에이션이 금리가 높아지더라도 정당화될 수 있지만, 우주여행처럼 당장 현실화되기 어렵고 그로 인해 기업의 성장 속도도 더딘 경우에는 금리가 높아질 때에 높은 밸류에이션이 정당화되기 어렵다. 버진 갤럭틱이 2020년(초저금리 시대)에 주목받는 우주 기업이었지만 2021년부터 주가 하락이 장기화되고 있는 것은 금리가 높아지고 있기 때문일 것이다.

따라서 높은 금리 레벨에도 불구하고 성장성이 계속 돋보일 수 있는 기업들을 선별하는 것이 중요할 것이다. 이러한 조건을 고려해 다음 장에서는 8개의 해외 기업을 선별했다.

1. Rocket Lab USA Inc
: 소형 발사서비스를 넘어 종합 우주기업으로

로켓랩(Rocket Lab USA)은 2006년 뉴질랜드 오클랜드에서 설립되어 현재는 미국 캘리포니아에 본사를 둔 뉴 스페이스 시대의 대표적인 기업이다. 회사는 주요 사업영역인 발사서비스와 우주시스템 부문을 중심으로 종합 우주 기업으로 자리 잡고 있다. 사업 초기에 소형 발사 서비스로 입지를 다졌고, 이어서 우주선 설계, 부품 제작 등을 통해 기업의 기초 체력을 강화했다. 이후 증시 상장과 기업 인수를 기반으로 중형 발사체 개발, 발사체 재사용 기술 상용화, 위성 플랫폼 개발 등으로 영역을 다각화하고 있으며 향후에는 위성을 이용한 서비스 제공까지 사업을 확장할 계획이다.

로켓랩은 현재 소형 발사서비스와 우주 부품 제작에서 두각을 나타내고 있다. 나아가 차세대 중형 발사체인 뉴트론(Neutron) 개발과 발사체 재사용 기술의 상용화를 추진하며 사업 규모와 수익성을 확대할 준비를 하고 있다. 산업의 전반적인 성장 측면에서는 스페이스X의 혁신에 주목해야 하지만, 투자 관점에서는 상장 기업인 로켓랩의 성장 전략에 대해 관심 가질 필요가 있다.

사업부별 영역 – 발사서비스

로켓랩의 사업은 크게 발사서비스와 우주시스템으로 구분된다. 그중 로켓랩을 상징하는 발사서비스는 탄소복합 소재로 제작된 발사체인 일렉트론을 통해 이루어진다. 회사는 미국 국방부와 NASA 같은 정부 기관은 물론, 블랙스카이 테크놀로지(Blacksky Technology), 스웜 테크놀로지(Swarm Technologies), 스파이어 글로벌(Spire Global), 플래닛 랩스(Planet Labs)와 같은 민간 위성 운영 회사들을 대상으로 서비스를 제공하고 있다.

로켓랩의 발사체 개발 역사는 2010년대 초반으로 거슬러 올라간다. 2009년, 로켓랩은 실험용 발사체 아테아-1 발사를 통해 남반구 최초로 우주에 도달한 민간 회사가 되었다. 이후 2013년 일렉트론 로켓 개발에 착수했으며, 4년 뒤인 2017년에 첫 비행을 시도하였다. 첫 발사는 실패했지만, 이듬해 2018년에 스파이어 글로벌과 플래닛 랩스의 소형 위성을 궤도에 배치하여 처음으로 발사 임무에 성공했다. 2023년 1월 미국 버지니아주 발사장(LC-2)에서 3번째 발사대를 이용하여 발사에 성공했는데, 이는 로켓랩이 미국에서 처음으로 로켓을 발사한 사례이다. 발사서비스의 양적 확장에 힘입어 회사는 2024년 말까지 총 54회의 발사 성공 기록(실패 포함 58회)을 달성했다. 이 발사 기록은 첫 발사 이후 50회 발사까지 도달한 가장 빠른 속도로, 스페이스X의 팰컨9가 두 번째라는 것을 감안하면 놀라운 기록이다.

일렉트론 로켓의 혁신 기술

일렉트론은 소형 위성을 저궤도에 진입시키는 발사체로 탄소복합 소재, 3D 프린팅, 배터리 구동 전기 펌프 등 혁신적인 기술을 적용하여 소형 발사체 시장에서 경쟁력을 확보하고 있다. 먼저, 탄소복합 소재를 100% 적용한 추진제 탱크를 사용함으로써 로켓의 무게를 기존 대비 최대 40% 줄였으며, 이는 발사 비용 절감과 효율적인 운용으로 이어졌다. 탄소복합 소재는 가볍지만 내구성과 내열성이 뛰어나 로켓에 최적화된 재료로 평가된다. 또한, 로켓랩은 탄소복합 소재 부품을 내부에서 직접 생산하여 원가를 절감하고 생산 일정을 유연하게 조정할 수 있도록 했다. 이런 기술적 차별화는 경쟁사들이 쉽게 모방하기 어려운 강력한 해자로 작용 중이다.

또한, 3D 프린팅 기술을 적극 활용하여 일렉트론의 러더포드 엔진을 비롯한 주요 부품을 신속하고 정밀하게 제작하고 있다. 3D 프린팅 기술은 기존 가공이나 주조 방식보다 소재 낭비를 줄일 수 있으며, 복잡한 설계도 쉽게 구현할 수 있어 로켓 경량화에 뛰어나다. 경량화는 우주산업, 특히 발사서비스의 경제성과 직결되는 중요한 요소이다. 마지막으로, 러더포드 엔진에 배터리 구동 전기 펌프 방식을 적용하여 기존 로켓 방식인 가스 터빈 기반 터보펌프보다 구조를 단순화하고 신뢰성을 높였다. 전기 펌프 방식은 가스 발생 방식에 비해 출력이 다소 떨어지지만, 복잡한 구조와 부품들이 필요하지 않아 소형 위성 발사에는 오히려 최적화된 설계를 제공한다는 장점이 있다.

로켓랩의 재사용 기술 상용화 추진

한편 로켓랩은 발사체 재사용 기술의 상용화 연구도 진행 중이다. 회사는 2020년 11월 "Return to Sender(발신지로 돌아가다)" 발사 임무에서 진행한 일렉트론 로켓의 1단 부스터 회수 성공을 시작으로 추진제 회수 실험을 본격화했다. 2024년 말 기준으로 총 9번의 발사체를 회수했는데, 분리된 1단 부스터에 낙하산을 달아 해수면에 착수한 후 배로 회수하는 방식이다. 과거에는 헬리콥터를 이용해 공중에서 발사체를 낚아채는 방식도 시도했으나, 난이도와 비용 문제로 인해 해양 회수 방식에 집중하기로 결정했다.

스페이스X의 로켓 재사용 기술이 발사 비용을 낮춰 뉴 스페이스

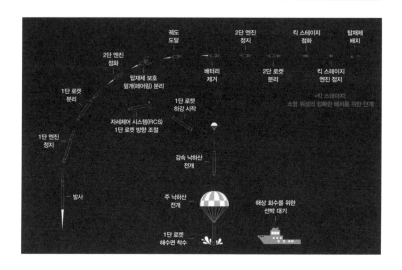

자료: Rocket Lab

시대를 열었던 요인이었던 만큼, 만약 로켓랩이 1단 부스터 재발사에 성공한다면 큰 비용 절감과 마진 개선이 기대된다. 1단 부스터는 일렉트론 제작 비용의 약 65%를 차지하기 때문이다. 초기에는 재사용으로 인한 발사 비용 절감 효과가 크지 않을 수 있지만, 시간이 지남에 따라 전체 비용에 대한 절감 효과는 커질 것이다. 만약 재사용 기술을 적극적으로 활용할 수 있는 수준에 도달한다면, 발사 비용을 최대 50% 절감할 것으로 예상한다. 또한 재사용 기술이 성공적으로 상용화되면 일렉트론의 발사 주기가 현재의 연간 13~14회 수준에서 24회까지 확대될 예정이다. 이를 통해 추가적인 영업 레버리지 효과

로켓랩 주요 발사체 상세 비교

	Electron (로켓랩)	Neutron (로켓랩)	Falcon 9 (스페이스X)	New Glenn (블루오리진)
크기	높이: 18미터 페어링 직경: 1.2미터	높이: 43미터 페어링 직경: 5미터	높이: 70미터 페어링 직경: 5.2미터	높이: 98미터 페어링 직경: 7미터
저궤도 탑재능력	300kg	13,000kg (재사용 기준)	22,800kg	45,000kg
추진 기관	Rutherford 엔진 (전기펌프 방식, RP-1/액체산소)	Archimedes 엔진 (터보펌프 방식, 메탄/액체산소)	Merlin 엔진 (터보펌프 방식, RP-1/액체산소)	BE-4 엔진 (터보펌프 방식, 메탄/액체산소)
엔진 개수	1단 부스터: 9개 2단 부스터: 1개	1단 부스터: 9개 2단 부스터: 1개	1단 부스터: 9개 2단 부스터: 1개	1단 부스터(BE-4): 7개 2단 부스터(BE-3U): 2개
주요 재질	탄소복합소재	탄소복합소재 + 금속 강화	알루미늄-리튬 합금	알루미늄 합금
재사용 회수 방식	낙하산을 이용한 해수면 착륙	바지선 또는 패드 착륙 설계 페어링도 재사용 설계	드론쉽 또는 발사장 복귀	드론쉽 해상 착륙
재사용성	1단 부스터 재사용 상용화 추진	완전 재사용 상용화 추진	1단 부스터 재사용 상용화	1단 부스터 25회 이상 재사용 설계
발사목적	소형	중~대형	중~대형	중~대형
발사비용	840만 달러	5,000만~ 5,500 달러(추정)	7,000만 달러	7,000만 달러 이상 (경쟁사 추정치 참고)

자료: Bloomberg

를 얻어 회사는 더욱 효율적인 발사 운영이 가능해질 것이다. 2023
년 8월, 로켓랩은 회수한 발사체의 일부 엔진 재사용을 성공했으며,
2025년에 전체 1단 부스터를 재사용할 계획이다. 성공할 경우 로켓
랩은 스페이스X와 블루오리진에 이어 로켓 재사용 기술을 성공적

으로 상용화한 세 번째 민간 기업이 된다. 특히, 소형 위성 발사 분야에서는 유일하게 재사용 기술 상용화에 성공한 기업으로 자리매김할 전망이다.

중형 발사체 뉴트론 개발

로켓랩은 발사서비스 영역에서 소형 발사체인 일렉트론에 이어 중형 발사체인 뉴트론을 개발하면서 발사체 포트폴리오를 다양화하고 있다. 높이가 43미터이고 페어링 지름이 5미터인 뉴트론은 저궤도에서 약 13~15톤의 화물을 운송할 수 있다. 로켓랩은 2025년 하반기 뉴트론의 시험 발사를 진행한 뒤, 2026년부터 상업적 발사에 나설 계획이다. 만약 뉴트론이 상용화에 성공한다면, 스페이스X의 팰컨 9가 주도하는 중형 발사체 시장에서 강력한 경쟁자로 부상할 수 있다. 더불어, 스페이스X가 스타링크를 통해 위성 통신 시장에서도 적극적으로 활동하는 것과 달리, 로켓랩은 아직 위성 서비스 시장에 진출하지 않았다. 이 점은 위성 서비스 제공 기업들이 경쟁업체인 스페이스X와 달리 경쟁 시장에 진출하지 않은 로켓랩과 협력하게 만드는 요인으로 작용할 수 있다.

사업부별 영역 – 우주시스템

로켓랩은 흔히 발사서비스 기업으로만 알려져 있지만, 사실 우주 시스템 및 부품을 판매하는 종합 우주 기업에 더 가깝다. 우주시스템 분야의 주요 제품 및 서비스로는 우주선 복합 구조물, 반응 휠(Reaction

Wheel), 별 추적기(Star Tracker), 라디오 부품, 태양광 패널, 위성 분리 시스템, 비행 소프트웨어 등이 있다. 2024년 예상 매출 비중을 보면, 우주시스템 사업부가 전체 매출의 약 70% 이상을 차지한다. 이는 단순한 발사서비스 기업을 넘어 종합 우주 기업으로 도약하려는 회사의 방향성을 잘 보여준다.

우주시스템 사업부는 위성 구성 부품, 위성 설계 및 제조(Photon 플랫폼 포함), 소프트웨어 솔루션 등 종합적인 우주시스템을 제공하는 것이 목표이다. 발사서비스는 발사체 준비, 고객의 탑재체 관리, 정부 규제 통과까지 모두 준비되어야 하는 까다로운 사업으로, 회사가 발사서비스 단일 사업으로만 운영할 경우 성장의 변동성이 크다는 단점이 있다. 이를 방지하기 위해 회사는 우주시스템 사업을 확대하여 안정적이고 지속적인 성장을 추구하고 있다.

현재 로켓랩은 '발사서비스 → 우주시스템→ 위성 서비스' 순서로 사업을 넓혀가는 로드맵의 중간 단계에 있다. 2018~19년, 사업 초기 단계 대부분의 매출이 발사서비스에서 나왔지만, 2020년부터는 우주시스템의 두드러진 성장을 확인할 수 있다. 우주시스템의 성장을 이끈 확장은 주로 기업 인수를 통해 이루어졌다. 2020년, 로켓랩은 캐나다의 싱클레어 인터플래너터리(Sinclair Interplanetary)를 인수하며 우주시스템 확장의 시작을 알렸다. 싱클레어는 반응 휠(위성 자세 제어 부품)과 별 추적기(별을 기반으로 한 광학 센서) 등 소형 위성 하드웨어를 전문으로 제작하는 회사다.

로켓랩은 이어서 어드밴스드 솔루션스(Advanced Solutions Inc)를 인수하여 소프트웨어 분야로도 사업을 확장했다. ASI는 비행 소프트웨어, 임무 시뮬레이션 및 유도, 항법 등의 분야에서 검증된 기술을 가지고 있는 회사이다. 최근에는 우주선의 전 수명 주기를 지원하는 지상 소프트웨어 개발을 통해 역량을 한층 더 강화하고 있다. 2021년 말에 NASA, 스페이스X, ULA 등 주요 고객에 위성 분리 시스템을 제공하는 기업인 플래너터리 시스템스(PSC)를 인수했고, 같은 해에 고성능 태양 전지 및 구조물을 제조하는 솔에어로 테크놀로지(SolAero Technologies) 인수를 발표하면서 포트폴리오를 한층 넓혔다.

로켓랩의 중장기 성장 전망

성장 초기 기업을 평가할 때는 매출 성장성과 함께 보유 현금이 중요한 지표가 된다. 이는 초기 단계에서 기업이 기술 투자와 사업 확장을 지속해야 하기 때문이다. 로켓랩은 2021년 발표한 중형 발사체 뉴트론 개발 계획을 통해 장기적인 성장을 그려 왔다. 그러나 뉴트론의 상용 발사가 예정된 2026년까지 로켓랩은 중형 발사체 분야에서 매출 없이 대규모 투자를 지속해야 한다. 이 때문에 투자 지속성과 추가 자금 조달 필요성에 대한 우려가 제기될 수 있다.

하지만 로켓랩의 재무 상황과 프로젝트 일정을 살펴보면 재무 건전성을 크게 우려할 수준이 아닌 것으로 확인된다. 2024년 말 기준, 뉴트론 개발과 관련된 자본 지출(Capex)과 운영 지출(Opex)은 분기당 약 4천만 달러 규모로 나타나며, 2025년 하반기 예정된 뉴트론 시범 발사 시점에 가까워질수록 지출은 증가할 것으로 보인다. 그러나 2024년 초에 이루어진 대규모 전환우선채권 발행을 통해 필요한 현금을 확보한 점이 긍정적이다. 또한 단기적으로 뉴트론에 대한 지출이 증가하더라도 2021~2022년과 비슷한 속도의 현금 감소가 나타날 가능성은 적다고 예상하는데, 그 이유는 다음과 같다.

첫째로 소형 발사체 일렉트론의 발사 횟수 증가와 평균 판매 단가의 상승이 긍정적이다. 과거 분기당 1~2번이었던 일렉트론의 발사는 2024년 기준으로 분기당 3~4회로 늘었다. 비록 경영진이 목표로 한 분기당 6회에는 아직 도달하지 못했지만, 발사 횟수 증가는 간접비 흡수 효과를 통해 마진을 개선시킬 수 있는 요인이다. 발사대 건설과 초기 대규모 투자 등의 고정비 비중이 높은 발사서비스 분야에서 이는 더욱 극대화된다. 또한 평균 판매 단가의 지속적인 상승도 긍정적이다. 2017년 초기에 평균 발사 단가는 500만 달러였지만, 2023년에 750만 달러, 2024년 3분기에 840만 달러까지 증가했다. 또한 미국에서 발사를 시작한 지 2년이 지난 현재, 생산과 발사 프로세스도 지속적으로 최적화되고 있다. 추가적으로 발사체 재사용 기술 상용화를 통한 비용 절감도 기대할 수 있는 부분이다.

로켓랩은 발사서비스뿐만 아니라 우주시스템 분야에서도 마진 개선이 가시화되고 있다. 2024년 3분기 기준 개별 부품의 매출총이익률은 40%대를 기록하고 있으며, 향후 추가 상승 여지가 있다. 특히 태양전지 제품을 생산하는 자회사 솔에어로의 마진 개선이 주요 요인으로 작용할 전망이다. 현재 솔에어로의 마진율은 30%에 미치지 못하고 있다. 이는 2022년 인수 당시 1억 5천만 달러의 수주 잔고 중 1억 달러 규모의 계약이 약 0% 가까운 총이익률로 체결되었기 때문이다. 이에 경영진은 단기적으로 마진율 목표를 30%로 설정하고, 이후 체결하는 대부분의 계약에서 마진율을 30% 이상으로 맞추고 있다. 과거에 체결된 낮은 마진 계약을 정리하고, 유리한 조건의 계약을 중심으로 한 전략이 솔에어로의 마진 개선을 이끄는 핵심이다. 또한, 솔에어로는 정부의 반도체 지원금을 활용해 생산량을 늘리기 시작했다. 고정비 비중이 높은 업계의 특성을 고려할 때, 생산 규모 확대는 수익성을 더욱 개선할 것이다.

위성 플랫폼 분야에서는 MDA/글로벌스타와 체결한 계약이 단기적으로, 미국 우주개발국과의 계약이 중기적으로 로켓랩의 현금 흐름을 뒷받침할 것이다. 로켓랩은 2024년 초반부터 MDA에 위성 버스를 납품하고 있는데, 시간이 지날수록 그 규모가 확대되는 구조를 갖추고 있다. 또한 SDA와 체결한 위성 버스 납품 계약은 2024년 말부터 수익을 인식하며 특정 마일스톤을 달성할 때마다 현금을 지급받는 방식이다. 약 6~8개 분기에 걸쳐 납품이 이루어지는 이 계약은 뉴트론 상용화 시점까지의 가교 역할을 할 것으로 기대된다. 이후 대규모 위성 수주 계약이 끝나면 뉴트론의 상업 발사 성공 여부가 로켓랩의 성장 속도에 큰 영향을 미칠 것이다.

설령 2026년 예정된 뉴트론의 상업적 발사가 연기되거나 실패로 돌아간다고 하더라도 단기적으로 로켓랩의 재정 건전성에 심각한 영향을 미치지 않을 것이다. 이는 로켓랩의 안정적인 계약 구조와 뉴트론의 높은 판매 단가 덕분이다. 로켓랩은 2025년 시험 발사 이후 2026년부터 상업 발사 횟수를 점진적으로 늘려갈 계획이다. 초기에는 연간 3건에서 이후 5건, 7건으로 발사 횟수를 늘리는 것을 목표로 하고 있다. 발사 횟수 증가 일정에 맞춰 이미 2026~27년에 두 건의 상업적 계약을 체결한 상태다. 뉴트론의 현금 수령 구조는 일렉트론과 유사하게, 발사 직전까지 계약 금액의 약 60%를 선수금으로 받는 방식이다. 이미 체결된 두 건의 계약에 따르면, 뉴트론의 평균 판매 단가는 기존 추정치인 5,000만~5,500만 달러에 부합한다. 따라서 첫 상업 발사의 성공 여부와 무관하게, 최소 6,000만 달러(평균 판매 단가 5,000만 달러 × 2건 × 60%)의 현금을 확보할 수 있다.

뉴트론의 첫 상업 발사 성공은 단순한 매출 발생을 넘어, 로켓랩의 미래 성장 방향과 시장 내 입지를 결정짓는 중요한 이정표가 될 것이다. 발사가 성공할 경우 로켓랩은 발사 횟수의 점진적 증가와 완전 재사용 기술 상용화에 집중하여 손익 구조를 크게 개선할 것이다. 이는 로켓랩을 중형 발사체 시장에서 강력한 경쟁자로 이끄는 요인이다. 향후 로켓랩이 스페이스X가 주도하는 우주산업 시대의 강력한 대항마로 부상할 수 있을지 주목할 필요가 있다.

2. Redwire
: 우주 골드 러시에 곡괭이와 삽을 파는 기업

레드와이어는 우주산업의 확장에 발맞춰 차세대 우주경제를 위한 부품과 인프라를 제공하는 기업이다. 항공우주 전문 사모펀드 AE 인더스트리얼 파트너스가 2020년에 설립한 레드와이어는, 태양 센서와 별 추적기 등 위성 부품을 생산하는 애드콜 매릴랜드 에어로스페이스(Adcole Maryland Aerospace)와 우주선 설계 및 카메라 부품을 생산하는 딥 스페이스 시스템즈(Deep Space Systems)를 합병하면서 탄생했다. 설립 초기부터 "HERITAGE + INNOVATION(역사와 혁신)"이라는 슬로건에 걸맞게, 전통 있는 두 기업의 기술과 경험을 바탕으로 혁신을 추구하는 기업이다.

레드와이어는 우주 내 제조를 위한 3D 프린팅, 전개식 태양광 패널, 디지털 엔지니어링, 바이오 프린팅 등 첨단 기술을 보유한 기업들을 인수하면서 기술 역량을 강화했다. 2022년에는 벨기에 기반의 퀴네틱 스페이스(QinetiQ Space NV)를 인수해 지역적 확장에도 성공했다.

우주항공 투자의 시대가 온다

이 인수를 통해 본격적으로 유럽 시장에 진출한 레드와이어는 지역 다변화 전략을 성공적으로 실현하였고, 2024년 3분기 기준 누적 매출의 45%는 미국, 55%는 유럽에서 발생하는 성과를 기록했다.

회사는 우주 진출에 필요한 부품 판매를 통해 대부분의 매출을 창출하고 있지만, 장기적으로 우주 인프라 구축을 목표로 사업을 확장하고 있다. 낮아진 발사 비용, 우주 자원 연구의 활성화, 지정학적 분쟁으로 인한 우주의 전략적 중요성 증대 등으로 뉴 스페이스 시대가 본격화되면서 우주 인프라에 대한 필요성이 점차 증가할 전망이기 때문이다.

현재 대부분의 우주 임무는 지구에서 자원을 확보해 발사체로 실어 보내는 방식으로 이루어진다. 발사 기술의 발전으로 발사 비용이 크게 줄었든 것은 사실이지만, 비용과 속도 측면에서 여전히 제약적이다. 만약 우주 내에서 재료를 조달하고 필요한 부품을 제조할 수 있는 인프라가 구축된다면, 이는 경제적 비용을 절감하는 동시에 심우주 탐사에도 중요한 변곡점이 될 것이다. 더 나아가, 우주에 자체적인 인프라를 건설하면 국가 차원에서 입지를 강화하고 군사적 우위를 확보할 수 있다. 실제로 미국과 중국을 중심으로 진행 중인 달 기지 구축 경쟁은 각국이 우주 패권 확보를 위한 인프라 구축의 중요성을 잘 인지하고 있는 사례이다.

3D 프린팅 - 우주 인프라 구축의 핵심

레드와이어는 이 같은 변화에 대응하기 위해 우주 내 제조와 인프라 구축 기술 개발에 집중하며, 정부 프로젝트를 통해 관련 기술의 지식 재산권을 확보하고 있다. 대표적인 사례로는 아키넛(Archinaut)과 레골리스(Regolith) 프로젝트가 있다. 아키넛은 우주 내 제조 기술을, 레골리스는 달 자원을 활용한 인프라 구축 기술 연구에 중점을 두고 있는데, 두 프로젝트 모두 3D 프린팅 기술을 이용한다는 특징이 있다. 우주 환경에서 3D 프린팅 기술은 현지 자원 조달, 설계의 유연성, 제작 속도 향상 등 여러 장점을 제공하여 우주 인프라 구축에 최적화된 기술로 평가받는다.

레드와이어는 2014년 NASA와 협력해 우주에서 최초로 물체 제조에 성공해 3D 프린팅 분야의 선도기업으로 자리 잡았다. 당시 자회사였던 메이드 인 스페이스(Made In Space)가 이 프로젝트를 수행했으며, 2016년에 국제우주정거장에 3D 프린팅 설비를 설치해 정거장 운영에 필요한 부품을 제작하기 시작했다. 이후 세라믹 부품 제조, 고성능 광섬유 제작 등 다양한 기술 경험을 축적하여 경쟁력을 강화 중이다. 우주 내 3D 프린팅 기술의 선도기업인 레드와이어는 향후 우주 인프라 구축에서 필수적인 역할을 수행할 것이다. 지상에서 전력, 통신, 제조 시설 등 인프라가 상업 활동의 핵심인 것처럼, 우주산업의 확장에 따라 우주 인프라의 중요성도 커질 전망이다. 레드와이어는 뉴 스페이스 시대의 개화를 "우주 골드 러시"에 비유하며, 서부 개척 시대에 곡괭이와 삽을 판매했던 것처럼 우주산업에 필요한 부품과 인프라를 공급하여 미래 우주경제의 틀을 마련할 계획이다.

레드와이어는 우주 인프라 구축을 선도하겠다는 확고한 장기 비전을 가지고 있는데, 본격적으로 우주 인프라 구축 경쟁이 시작되기 전에 활용할 수 있는 다양한 성장 전략을 제시하고 있다. 회사는 단일 사업부로 구성되어 있지만 사업 활동을 6개 부문으로 세분화하고 있는데, 이를 네 가지 성장 전략인 핵심 유지, 생산 확대, 고부가가치 영역 확장, 기회 탐색으로 재분류할 수 있다.

레드와이어의 4가지 성장 전략

레드와이어는 핵심 유지, 생산 확대, 고부가가치 영역 확장, 기회 탐색의 네 가지 성장 전략을 통해 우주산업에서 입지를 강화하고 있다. 먼저, 핵심 유지 영역에서는 우주 프로젝트에서 필수적인 별 추적기, 태양 센서, 우주 비행용 카메라 시스템을 공급 중이다. NASA의 아르테미스 프로그램에 사용되는 우주선 카메라를 납품하며 파트너십을 구축하고 있으며, 파이어플라이 에어로스페이스(Firefly Aerospace)와 유럽우주국의 달 착륙 미션에도 카메라와 로봇팔을 공급하며 기술력을 입증했다. 이 분야에서는 새로운 기술 개발보다는 검증된 기술을 활용하여 주요 고객과의 장기적 관계를 유지하는 전략을 채택하고 있다. 두 번째로 생산 확대 전략에서는 대량 생산을 통해 회사의 외형적 성장을 도모하고 있으며, 대표적인 제품으로 ROSA(Roll-Out Solar

레드와이어 사업 세분화와 4가지 성장 전략

사업 활동 세분화	내용	성장 전략
항법장치와 센서 (Avionics and Sensors)	위성 항법 및 조종을 위한 별 추적기, 태양 센서, 우주 비행용 카메라 시스템 등	핵심 유지
구조물 및 기계 메커니즘 (Structures and Mechanisms)	위성 및 우주선의 경량 구조물, 고탄성 복합 붐(booms), 트러스 구조물 등	
전력 생성 (Power Generation)	Roll-Out Solar Array(ROSA)와 전력관리 시스템 등 태양광 발전 관련	생산 확대
무선 주파수 시스템 (Radio Frequency Systems)	고정 및 전개형 안테나, RF 증폭기, 필터 및 스위치	
플랫폼, 탑재체 및 임무 솔루션 (Platforms, Payloads, and Missions)	다양한 궤도의 위성 플랫폼, 광학 탑재체 및 분광기, 다중 도메인 자율주행	고부가가치 영역 확장
미세 중력 탑재체 (Microgravity Payloads)	미세 중력 환경에서 생명공학 및 첨단 소재 제조 기술	기회 탐색

자료: Redwire

Array)와 군사 위성용 안테나가 있다. ROSA는 태양전지판을 둥글게 말아 운반한 후 우주에서 펼치는 방식이다. 한국항공우주연구원의 조사에 따르면 ROSA는 강체형 태양전지판과 비교해 무게, 부피, 부품 수를 각각 33%, 75%, 50% 줄여 발사 및 운용 효율성을 크게 향상시킬 수 있다. 기존에 납품하던 국제우주정거장뿐만 아니라 최근에는 상업용 통신 위성에 ROSA를 공급하며 민간 시장까지 확장하고 있다. 2030년 국제우주정거장 해체 이후 블루오리진, 노스롭 그루만 등이 추진하는 상업용 우주정거장 프로젝트에서도 추가적인 공급 계약을 기대하고 있다.

한편, 고부가가치 영역 확장을 위해 레드와이어는 위성 플랫폼 개발에도 적극 투자하고 있으며, 2024년 헤라 시스템스(Hera Systems)를 인수하여 방산 분야 고객을 위한 위성 플랫폼을 포트폴리오에 추가했다. 이를 통해 저궤도와 중~고궤도 위성 플랫폼을 확보했으며, 최근 본격적으로 개발을 시작한 초저궤도(VLEO) 위성 플랫폼과의 시너지 효과도 기대된다. 초저궤도(200~400km)는 기존 저궤도 대비 통신 지연 감소, 고해상도 이미지 제공, 고속 데이터 전송 등의 장점을 제공하여 6G 통신 인프라 구축에 핵심적인 역할을 할 것으로 전망된다. 현재 레드와이어는 미국과 유럽에서 각각 사브르샛(SabreSat)과 팬텀(Phantom) 플랫폼을 개발 중이며, DARPA 및 유럽우주국과 협력하여 초저궤도 위성의 상용화를 추진하고 있다. 2024년 초, 스타링크가 초저궤도 영역에서의 통신 위성 운용을 미국 당국에 요청한 사례는 이 기술의 중요성을 보여주는 대표적인 사례로, 레드와이어는 선제적인 투자를 통해 향후 6G 네트워크 구축에서 중요한 역할을 담당할 것으로 기대된다.

마지막으로, 기회 탐색 영역에서는 필-박스(PIL-BOX) 플랫폼을 중심으로 우주 생명과학 분야에서의 기회를 모색하고 있다. 필-박스는 국제우주정거장의 미세 중력 환경을 활용한 신약 개발 실험 플랫폼으로, 지구에서는 구현하기 어려운 균일한 결정 구조를 형성하는 데 도움을 준다. 이를 통해 약물의 안정성과 효과를 개선할 수 있으며, 신약 개발 및 제조 공정 최적화에 활용될 가능성이 높다. 레드와이어는 일라이 릴리, 브리스톨 마이어스 스퀴브 등의 제약회사 및 대학 연구기관과 협력하여 실험을 진행 중인데, 향후 지식재산권(IP) 확보를 통해 로열티 기반 비즈니스 모델을 구축할 계획이다. 이러한 전략을 통해 레드와이어는 우주 기술뿐만 아니라 제약·바이오 산업과의 융합을 통해 장기적인 수익 창출 기회를 확대하고 있다.

레드와이어의 성장 과정과 재무적 개선

레드와이어는 2020~2022년에 다수의 인수합병을 통해 외형적으로 성장했고, 인수한 회사들의 사업 통합에 집중했다. 이후 ROSA와 안테나 등의 대량 생산으로 매출 안정성을 확보하며 성장을 지속하고 있다. 특히 공공기관 위주의 매출 구조에서 벗어나 상업 및 국방용 제품 비중을 확대했던 것이 유효했다.

조정 EBITDA 측면에서도 2022년 흑자 전환 이후 꾸준한 개선 흐름을 유지하고 있다. 다만, 2023년 말부터 EBITDA 마진과 총이익률이 다소 부진한 모습을 보이고 있는데, 계약 이행 과정에서 예상치 못한 추가 비용(EAC Adjustment)이 발생한 것이 주요 원인이다. 이는 고객 요구사항 변경이나 신규 시장 진입 시 기술적 요구사항이 높은 프로젝트를 진행하면서 예기치 않게 발생하는 비용으로, 레드와이어가 성장 과정에서 해결해야만 하는 과제로 남아있다.

여전히 풀어야 할 숙제는 남아 있지만 레드와이어의 성장을 위한 우호적인 환경은 점차 마련되고 있다. 미국의 동맹국 방위비 압박에 따른 유럽 재무장 움직임은 유럽 매출 비중이 절반 이상이고 현지 생산 법인까지 갖춘 레드와이어에게 큰 기회가 될 전망이다. 또한 2025년 초 발표한 자율 드론 기업의 인수는 점차 무인화되는 미국 국방의 전략적 방향성과 일치한다. 앞으로 지속적인 기술 개발과 인수합병을 통해 회사가 장기적인 성장 목표를 달성할 수 있다면, 우주 인프라 구축이라는 거대한 영역에서 시장을 이끄는 기업으로 자리매김할 수 있을 것이다.

3. Intuitive Machines
: 달에 착륙한 첫 번째 민간 기업

2024년 2월, 미국은 1972년에 달 착륙에 성공한 아폴로 17호 이후 52년 만에 달 표면에 착륙을 성공했다. 이번 착륙은 과거와는 다른 중요한 차이를 지니고 있었다. 세계 최초로 민간 기업 주도로 달 착륙 미션을 수행했다는 점에서 뉴 스페이스 시대가 본격적으로 도래했음을 상징적으로 보여주는 순간인 것이다. 그리고 그 역사적인 순간을 이끈 주인공이 바로 인튜이티브 머신스다. 2013년에 설립된 인

인튜이티브 머신스 사업 영역과 주요 계약

사업 영역	개요	주요 계약
달 접근 서비스	Nova-C 착륙선 등을 이용해 고객이 지구—달 공간이나 달 표면을 탐사하고 물체를 배치할 수 있는 신뢰할 수 있는 비용 효율적인 수단을 제공	CLPS(IM-1~4)
궤도 서비스	위성 수리, 우주 쓰레기 제거, 도메인 인식 등 상업 및 정부 조직을 위한 궤도 내 서비스 제공	OMES-3, JETSON
달 데이터 서비스	달 중계 위성 배치를 통해 데이터 네트워크를 구축하여 보안 통신, 내비게이션, 이미지 전송을 지원	NSN (근지구 네트워크)
우주 제품 및 인프라	추진 시스템, 내비게이션 시스템, 달 이동성, 전력 인프라, 인간 거주 시스템 등 우주 제품 및 인프라 제공	LTV

자료: Intuitive Machines

튜이티브 머신스는 NASA와 협력하여 상업적 우주 탐사와 달 경제 구축을 목표로 삼고 있다. 미국 텍사스주 휴스턴에 위치한 이 기업은 NASA의 민간 달착륙선 탑재체 서비스(CLPS)의 주요 계약자로 선정되어 혁신적인 기술력을 선보이고 있다. 특히 인튜이티브 머신스가 개발한 Nova-C 착륙선은 민간 기업 최초로 달 남극 착륙에 성공하며 뉴 스페이스 시대의 새로운 가능성을 열어주었다.

인튜이티브 머신스는 달 표면 탐사를 위해 마이크로노바(μNova) 드론과 달 탐사 차량(LTV)을 개발하면서 탐사의 범위를 확장하고 있다. 마이크로노바는 착륙선이 도달하기 어려운 지역까지 탐사를 돕고, 달 탐사 차량은 달 표면에서 이동성과 탐사 효율성을 높이는 역할을 한다. 또한 회사는 달 통신 네트워크 구축과 같은 장기적인 우주 경제 인프라 개발도 추진 중이다. 이는 기존의 달 착륙 미션 중심 비즈니스에서 벗어나 군사 및 상업적 영역으로도 사업을 확장하려는 전략적 움직임을 보여준다.

인튜이티브 머신스 사업부별 성장 전략

인튜이티브 머신스의 사업은 크게 달 접근 서비스(Lunar Access Services), 궤도 서비스(Orbital Services), 달 데이터 서비스(Lunar Data Services), 그리고 우주 제품 및 인프라(Space Products and Infrastructure) 4가지 부문으로 구분할 수 있다.

초기 성장을 이끈 달 접근 서비스는 회사를 대표하는 핵심 사업 영역이다. 이 부문은 달 착륙선 관련 기술과 서비스를 제공하는데, 착륙선 플랫폼 노바-C가 가장 대표적이다. 노바-C는 NASA의 상업용 달 착륙선 프로그램을 통해 개발되었는데, 과학 장비와 상업적 탑재물을 달 표면까지 안전하게 운송하는 역할을 수행한다. 최대 130kg의 페이로드를 운반할 수 있는 노바-C는 향후 예정된 회사의 달 착륙 미션에도 활용될 예정이다.

인튜이티브 머신스는 NASA와 협력해 달 착륙 미션을 성공적으로 수행하고, 이를 바탕으로 다른 기업들과 페이로드 운반 계약 체결해 추가적인 수익을 창출하고 있다. 달 착륙 미션이 회사 성장에 기여하

인튜이티브 머신스의 주요 달 착륙 미션

착륙 미션	주요 미션	계약금액 (성공보수, 백만달러)	발사 시기 (예정)
IM-1	최초의 민간 착륙. 과학 및 공학 데이터 전송	120(+12.3)	24년 2월
IM-2	달 표면의 자원 활용을 위한 드릴과 질량 분석기를 이용한 현장 자원 활용 실험	123(+13.9)	25년 상반기
IM-3	데이터 중계 위성 배치, 자기장 및 플라즈마 연구	93(+9.7)	26년 초
IM-4	데이터 중계 위성 2개 배치, 물 얼음 탐사 및 자원 활용 가능성 평가	105(+11.7)	28년 8월 이전

자료: Intuitive Machines

는 이유는 단순히 착륙 성공으로 인한 성공 보수에 국한되지 않는다. 착륙 과정에서 축적된 레퍼런스는 새로운 기술에 대한 지식재산으로 이어지는데, 이는 앞으로 미개척 시장을 이끌 핵심 동력이 될 예정이다. 두 번째 달 착륙 미션에서 선보이는 마이크로 노바는 달의 극한 환경에서도 이동할 수 있는 소형 탐사 장치로, 인튜이티브 머신스가 처음으로 개척하는 시장의 대표적인 예이다.

한편, 달 궤도 서비스는 인튜이티브 머신스의 성장을 한 단계 더 도약시킨 중요한 사업 영역이다. 이 서비스는 고객의 위성 궤도 이동, 위성 수리, 우주 쓰레기 제거 등 우주 내 자산 관리와 관련된 다양한 서비스를 제공한다. 현재까지는 NASA의 과학 및 우주 비행 미션을 지원하는 OMES-3 계약이나 방사성 동위원소 전력 시스템을 개발하는 JETSON 같은 기술 연구 계약이 세부 사업 매출의 대부분을 차지하고 있다. 하지만 발사 기술의 발전으로 인공위성 운용의 장벽이 낮아지고 소형 위성의 발사가 증가함에 따라, 인공위성과 우주 잔해물 관리의 필요성이 점차 높아지고 있다. 이런 변화로 인해 연구 개발 중심의 달 궤도 서비스 영역이 향후 상업 영역으로 확장될 전망이다.

마지막으로 달 데이터 서비스와 우주 제품 및 인프라 부문은 인튜이티브 머신스가 중장기적 성장을 목표로 삼는 영역이다. 달 데이터 서비스 부문에서 회사는 달 탐사와 운영을 지원하기 위해 지구-달 간 통신 네트워크와 데이터 중계 위성 구축을 1차 목표로 삼고 있다. 달 통신 네트워크는 달 표면에서 진행되는 과학 연구, 자원 개발, 상업적 활동 등을 위한 필수 인프라로, 달 경제 활성화에서 핵심적인 역할을 수행할 것으로 기대된다. 이러한 기술들은 회사가 새로운 시장 개척을 통해 더 장기적인 성장을 추구하고 있음을 보여준다.

한편 우주 제품 및 인프라 부문은 아직 매출 비중이 크지 않다. 현재 주요 매출이 일회성 계약 중심으로 이루어지고 있기 때문이다. 다만 회사가 보잉, 노스롭 그루만 등과 협력해 개발 중인 달 탐사 차량의 추가 계약(2025년 중순 결과 발표)이 이루어질 경우, 중단기적으로 의미 있는 성장 동력이 될 것이다. 인튜이티브 머신스는 달 탐사와 달 경제에 필수적인 통신 인프라를 연구하며, 달과 지구를 연결하는 새로운 경제 생태계 구축에 주력하고 있다. 회사의 장기적 비전은 단순히 기술적 성과를 넘어, 지속 가능한 달 경제와 우주 탐사의 중심에 서겠다는 회사의 목표를 반영하고 있다.

인튜이티브 머신스의 향후 도전 과제

현재 인튜이티브 머신스는 OMES-3, 근거리 우주 통신 등 전략적 기술 계약을 통해 점진적인 매출 성장을 이어가고 있다. 특히 달 탐사 차량과 근거리 우주 통신 영역에서 기술적 우위를 인정받았는데, 진행중인 계약이 다음 단계로 진입할 경우 더 큰 규모의 매출을 기대할 수 있다.

그러나 회사의 모든 사업 부문이 아직 초기 단계에 머물러 있다는 점에서 이익률과 보유 현금 관리는 여전히 중요한 과제다. 2024년 3분기를 기준으로 주요 계약들을 살펴보면, 특히 달 착륙 프로그램에서의 마진 압박이 눈에 띈다. NASA와 체결한 계약 구조가 마진 확보보다는 기술 연구와 외형 성장에 중점을 두고 있기 때문이다. IM-1 미션에서 나타난 높은 마진은 2024년 1분기 달 착륙 성공 후 지급받은 추가 성과 금액에 기인한 것으로, 이는 성과에 따른 일시적 보상일 뿐 지속적인 수익원으로 보기 어렵다.

따라서 인튜이티브 머신스가 재무 구조를 개선하고 안정적인 현금 흐름을 확보하며 성장과 수익성 간 균형을 어떻게 맞출지 지켜볼 필요가 있다. 향후 외형적 성장을 유지하면서 마진 압박을 극복하고 안

정적인 수익 구조를 확립하는 것이 회사의 장기적인 성장을 결정할
핵심 요소가 될 것이다.

4. MDA Space
: 캐나다 우주산업의 핵심

1969년 캐나다에서 설립된 엠디에이스페이스(MDA Space, 이하 MDA)는
발사 분야를 제외한 거의 모든 우주산업에서 첨단 기술을 이끄는 기
업이다. 캐나다 우주산업의 중심에 있는 MDA는 독보적인 기술력과
혁신을 바탕으로 글로벌 시장에서도 점차 주목받고 있다. MDA는
여러 차례의 인수와 피인수를 거치며 변화와 성장을 이어왔다. 1995
년 MDA는 미국 기업에 매각되었으나, 2001년 캐나다 투자자 그룹
에 의해 다시 인수되었다. 이후 2017년에 미국 위성 관측 회사인 디
지털 글로브(Digital Globe)를 인수하며 본사를 콜로라도로 옮겼고 사명
을 막사르테크놀로지(Maxar Technologies)로 변경하며 통합했다. 그러나
2020년에 노선프라이빗캐피탈(Northern Private Capital)이 주도하는 캐나
다 컨소시엄이 통합 MDA의 캐나다 자산을 인수하면서, MDA는 미
국 위성 관측 업체인 막사르와 분리되었고 현재는 캐나다 우주산업
의 핵심으로 자리 잡고 있다.

MDA의 사업부별 성장 전략

MDA의 사업 부문은 크게 위성 시스템, 로봇공학 및 우주 운영, 그리고 지리정보 세 가지로 나뉜다. 캐나다 우주국의 레이더샛(RADARSAT) 지구 관측 미션, 달 탐사 로버 설계, 그리고 국제우주정거장의 유지보수와 임무 지원을 위한 캐나담(Canadarm) 시리즈 제작 등이 MDA의 대표적인 성과들이다. MDA의 기술력은 캐나다를 넘어 국제 무대에서도 높은 평가를 받고 있다. 아르테미스 프로젝트에서 쓰일 예정인 달 탐사 로버 설계에 참여했으며, 최초의 민간 달 착륙선인 인튜이티브머신스의 노바-C 착륙선에 센서를 납품하며 글로벌 프로젝트에서도 중요한 역할을 수행하고 있다.

MDA는 초기에 주로 정부와 협력하여 성장 기반을 다졌다. 그러나 최근 상업 시장에서도 두각을 나타내고 있는데, 특히 글로벌스타와 텔레셋 같은 저궤도 위성 사업자들과의 대형 계약을 통해 성장을 도모하고 있다. 저궤도 위성 통신 시장의 급성장과 발사 비용 하락 등은 점점 MDA의 기술과 비즈니스 모델에 유리한 환경을 조성하고 있다. 뉴 스페이스 시대의 흐름 속에서 MDA는 선도적인 기술과 시장 다각화를 통해 경쟁력을 강화하는 중이다. MDA의 성장 전략은 급변하는 우주산업 속에서 기업이 어떻게 적응하고 진화해야 하는지 보여주는 대표적인 사례로 지속적인 관심이 필요하다.

사업부별 성장 전략 ① - 로봇공학 및 우주 운영

위성 시스템은 MDA 매출의 약 50%를 차지하며, 실적을 견인하는 핵심 부문이다. 이 분야에서 MDA는 군집위성 통합 제작, 위성 하위 시스템 설계, 안테나 제작 등 고부가가치 제품을 통해 시장 입지를 강화하고 있다. 주요 고객으로는 글로벌스타, 텔레셋, O3b, 이리디움, 원웹 등이 있다. 기존에는 안테나와 하위 시스템 납품을 중심으로 사업을 확장했으나, 최근 군집위성 통합 제작 역량을 확대하면서 고부가가치 영역으로 진입하고 있다. MDA는 캐나다 우주청과 협력하여 2019년에 성공적으로 발사한 레이더셋 관측 위성을 통해 군집위성 제작에 대한 초기 경험을 축적했다. 이후 2022년에 글로벌스타의 차세대 군집위성 제작 계약을 수주해 기술력을 입증했다.

 MDA의 위성 시스템 사업 확장의 정점은 2023년 8월에 체결된 텔레셋과의 차세대 군집위성 라이트스피드(Lightspeed) 198대 제작 계약이다. 원래 이 계약은 2021년에 탈레스알레니아스페이스(Thales Alenia Space)가 통합 제작을 맡고, MDA가 안테나 부품을 납품하기로 결정했던 계약이다. 그러나 높은 제작 비용과 텔레셋의 자금 부족으로 계약 이행이 지연되면서, 결국 2023년 MDA가 주요 계약자로 전환되었다. 이는 기술적 우위뿐만 아니라 효율성과 경제적 실행 가능성이 중요한 경쟁 요소로 작용하는 뉴 스페이스 시대의 시장 환경을 보여주는 대표적인 사례다. 또한, MDA가 단순 부품 공급사에서 벗어나 군집위성 제작의 핵심으로 자리 잡았음을 상징적으로 보여준다.

MDA와 텔레셋 간의 계약이 보여주는 중요성은 MDA가 군집위성을 통합 제작한다는 사실에 그치지 않는다. MDA는 텔레셋에 공급하는 인공위성에 들어가는 소프트웨어 정의 위성 플랫폼 오로라(Aurora)를 발표했다. 소프트웨어 정의 위성이란 위성의 임무를 소프트웨어를 통해 변경하거나 조정할 수 있도록 설계하는 방식이다. 기존 위성은 특정 임무에 맞춰서 설계 단계에서부터 모든 요소를 제작해야 했던 반면, 소프트웨어 정의 위성은 하드웨어의 표준화와 소프트웨어 중심 설계를 통해 제작 효율성을 높이고 유연하게 임무를 조정할 수 있다. 이는 변화가 빠른 데이터 중심 시장에서 애플의 스마트폰이나 테슬라의 전기자동차가 보여준 소프트웨어 중심 패러다임 전환과 유사한 접근 방식이다.

소프트웨어 정의 위성의 가장 큰 장점은 인공지능 기술과의 융합이다. 특히 기기에서 바로 연산을 처리할 수 있는 엣지 AI 기술을 활용하면 위성에서 데이터를 직접 처리하여 지연 시간을 획기적으로 줄일 수 있다. 기존에는 데이터를 지상으로 전송해 분석한 뒤 다시 위성으로 전달해야 했다면, 엣지 AI를 통해 위성 자체에서 데이터를 실시간으로 분석하고 즉각적인 의사결정을 실행하게 해준다. 또한 데이터 선별과 전송 최적화를 통해 중요한 데이터만 지상으로 전송함으로써 대역폭 사용을 최적화하고 통신 비용을 절감시킬 수 있다. 이는 통신 및 데이터 서비스 품질 향상으로 이어지며, 위성 운용의 경제성 극대화에 기여할 수 있다. 오로라 플랫폼은 MDA가 단순 위

우주항공 투자의 시대가 온다

성 제작을 넘어 소프트웨어 중심 고부가가치 기술로 사업 영역을 확장하고 있음을 보여준다. MDA의 위성 플랫폼 혁신은 군집위성 시장에서 기술적 우위를 확보하기 위한 필수 요소일 뿐 아니라, 데이터 중심 시장에서 경쟁력을 강화하는 데도 중요한 역할을 할 전망이다.

사업부별 성장 전략 ② – 로봇공학 및 우주 운영

MDA에서 위성시스템 다음으로 매출 규모가 큰 분야는 로봇공학 및 우주 운영 부문이다. 회사는 NASA와 캐나다 우주청 등 주요 고객들과 협력해 우주정거장, 달, 그리고 극한 환경에서 작동하는 센서와 로봇을 설계 및 제작하고 있다. 대표적인 제품군으로는 Canadarm이 있으며, 이는 세대를 거치며 발전해 왔다. NASA의 우주왕복선 프로그램에서 사용된 Canadarm 1, 국제우주정거장에서 화물 도킹 및 모듈 조립 임무를 수행하는 Canadarm 2에 이어, MDA는 NASA의 달 궤도 우주정거장 게이트웨이를 위해 인공지능 기반 자율 작동 로봇 팔인 Canadarm 3을 개발 중이다.

MDA는 Canadarm 기술을 기반으로 조립 키트 형태의 차세대 제품군(Skymaker)을 개발하면서 상업 시장으로도 확장하고 있다. 스카이메이커는 다양한 우주 임무에 범용적으로 적응할 수 있도록 설계되어 상업적 활용도를 높인 것이 특징이다. 이를 바탕으로 MDA는 보이저 스페이스, 에어버스, 미츠비시와 협력하여 STARLAB 민간 우주정거장 프로젝트에 참여하고 있으며, 제작 과정에서 스카이메이커

제품군을 활용해 상업 시장에서 입지를 다질 계획이다. 또한 MDA가 참여하는 우주정거장 프로젝트인 STARLAB은 비독점적 계약으로 진행되기 때문에, MDA는 다른 민간 우주정거장에도 제품을 납품할 수 있다. MDA는 이미 Axiom Space 같은 상업용 우주정거장 제작 업체에 기술을 판매하여 상업적 확장성을 입증한 바 있다. 안정적인 정부 프로젝트를 기반으로 성장한 MDA의 로봇공학 및 우주 운영 부문은 이제 상업 시장으로 확대를 추진하고 있다.

사업부별 성장 전략 ③ – 지리정보

MDA는 레이더샛(RADARSAT)과 코러스(CHORUS) 같은 고성능 지구 관측 위성을 기반으로 위성 관측 서비스 영역에서 선도적인 입지를 구축하였다. MDA의 합성개구레이더(SAR) 위성은 모든 기상 조건과 시간대에서 고해상도 이미지를 관측하는데, 이를 통해 농업, 해양, 국방 등 다양한 분야에서 실시간 의사결정을 지원한다. MDA의 지구 관측 역사는 1995년 레이더샛 1세대 위성으로 시작되었다. 이후 2019년에는 3개로 구성된 레이더샛 군집 위성을 발사하여 더 빠르고 넓은 지역을 관측할 수 있도록 확장하였다. 이를 기반으로 회사는 국가 안보, 해양 감시, 재난 대응 등의 영역에서 정교한 관측 서비스를 제공하고 있다.

MDA는 2026년 중반 발사를 목표로 차세대 관측 위성인 코러스(CHORUS)를 개발하고 있다. 코러스는 레이더샛 프로그램의 유산

**MDA Space의 사업부별 매출 비중 및 주요 내용
(2023년 4분기 ~ 2024년 3분기까지 4개 분기 합계 기준)**

사업 영역 (매출비중)	세부 영역	내용
위성 시스템 (48%)	저궤도 및 중궤도 위성 군집	글로벌스타, 텔레셋 등 저궤도 위성 군집의 설계 및 부품 제공
	위성 및 하위 시스템	위성 본체뿐만 아니라 안테나, 전자 시스템, 탑재체 등 다양한 하위 시스템 제작
	추가 우주 응용 프로그램	특수 목적의 우주 임무를 위한 맞춤형 기술 개발
로봇공학 및 우주 운영 (30%)	우주 로봇	국제우주정거장(ISS) 및 NASA의 Gateway 프로그램 등 우주 탐사와 유지보수 작업에 필요한 로봇 팔과 자동화 시스템을 개발
	궤도 내 정비 및 조립	위성이나 우주선의 궤도 내 정비 및 조립 작업을 위한 기술 제공
	탐사 및 로버	탐사 로버 개발(캐나다 우주청의 LEAP 프로그램 및 NASA의 아르테미스 프로그램 참여)
지리 정보 (22%)	지구 관측 임무 및 지상국	RADARSAT, CHORUS 같은 지구 관측 위성을 통해 고해상도 SAR 데이터 제공
	지리정보 분석	인공지능과 머신러닝 기술을 활용해 농업, 도시 개발, 국방 및 보안 분야에서 실시간 의사 결정을 지원

자료: MDA Space

을 계승하면서도 협력과 혁신을 통해 더 나은 서비스를 제공하는 것이 목표다. 기존 레이더샛이 넓은 지역의 모니터링에 적합한 C밴드만 사용했던 것과 달리, 코러스는 다른 위성 제조업체인 아이스아이(ICEYE)와 협력하여 X밴드를 C밴드와 통합하는 차별화된 기술을 도입했다. 이 통합 시스템은 C밴드를 통해 넓은 지역의 변화를 감지한 뒤, X밴드로 특정 대상을 정밀하게 관측하는 방식으로 관측 효율을

극대화할 수 있다. 기존 MDA의 지리 정보 부문은 주로 정부, 방위, 정보 기관을 대상으로 환경 관측과 국방 수요에 대응하여 성장하고 있다. 그러나 코러스가 운영되면 회사는 해양, 에너지 등 상업적 영역으로 시장을 확장할 계획이다. 특히 인공지능 시대에 비정형 데이터의 중요성이 부각되는 시점에서, 코러스의 고성능 관측 기술은 새로운 가치를 제공하며 지리 정보 부문의 성장을 이끌 전망이다.

MDA의 향후 성장 전망

MDA는 위성 시스템과 로봇공학 및 우주 운영 분야에서 대규모 수주잔고를 기반으로 중단기적 성장을 지속할 것이다. 특히 텔레셋의 차세대 위성 제작 계약과 캐나담(Canadarm) 3의 최종 설계 및 제작 계약은 성장을 견인하는 주요 요인이 될 것이다. 텔레셋 계약에는 100개의 추가 위성을 제작할 수 있는 옵션이 포함되어 있어 미래 수주 모멘텀의 동력이 될 예정이다. 또한, 대규모 계약 수주와 조기 현금 확보로 MDA가 직면했던 재무 건전성 우려를 상당 부분 해소한 것으로 평가된다.

장기적으로는 2026년 중반 발사를 앞둔 차세대 지구 관측 위성인 코러스의 데이터 활용이 주요 관전 포인트가 될 것이다. 현재 MDA는 레이더샛 위성을 통해 환경 모니터링, 산림 보호 등을 중심으로 서비스를 제공하고 있다. 그러나 인공지능 시대에 비정형 데이터로 활용할 수 있는 관측 이미지의 잠재력은 더욱 확대될 전망이다. 또한 러시아-우크라이나 전쟁 이후 군사 영역에서 위성 관측의 중요성이 부각되면서, 코러스 데이터의 군사적 활용 방안도 기대를 모으고 있다.

캐나다가 가지고 있는 지정학적 특성상 MDA의 중요성은 앞으로 더욱 부각될 전망이며, 그 이유는 크게 두 가지로 나뉜다.

첫 번째로 나토(NATO) 방위비 증가 압박이다. 2024년 미국 대선에서 트럼프가 재당선되면서 나토 회원국들의 방위비 증가 압박이 커지고 있는 상황이다. 트럼프는 나토 회원국에게 GDP 대비 방위비를 5% 수준으로 증액할 것을 요구하고 있다. 이에 비해 캐나다의 방위비 지출은 2024년 기준 실질 GDP 대비 1.37%로 예상되는데, 이는 트럼프의 요구치인 5%는 물론, 나토 전체 평균 방위비 비율인 2.71%에도 한참 못 미치는 수준이다. 방위비 증액 압박은 캐나다의 국방 및 우주산업에 추가 투자를 유도할 것이고, 이 때 MDA가 직접적으로 혜택을 받을 수 있다.

둘째는 북극해를 둘러싼 지정학적 갈등 심화이다. 러시아-우크라이나 전쟁 이후, 러시아는 흑해를 통한 수출입이 제한되었으며, 서방의 발트해 봉쇄까지 고려해야 하는 상황에 놓였다. 이에 따라 러시아는 새로운 항로로 북극해 개발을 적극 추진 중인데, 이미 2035년까지의 구체적인 개발 계획을 수립한 상태이다. 이로 인해 향후 지정학적 갈등의 중심이 북극해로 이동할 수 있는데 캐나다의 역할이 점차 확대될 전망이다. 특히 군사영역에서 관측 및 감시 위성을 활용한 북극해 감시의 중요성이 부각될 것이다.

이를 뒷받침하듯 2022년에 캐나다 정부는 미국 공군과 캐나다 공군이 공동 운영하는 북미항공우주방위사령부(NORAD)의 현대화 프로젝트를 발표했다. 이 프로젝트는 2022년부터 20년간 약 390억 캐나다 달러 규모로 진행될 예정이며, 위성을 활용한 통신 능력 향상, 지구 관측 및 감시 시스템 구축 등을 포함하고 있다. 비록 MDA가 아직 NORAD 현대화 프로젝트에서 직접적인 수혜를 받고 있지 않더라도, 이는 장기적으로 우호적인 환경을 조성할 전망이다. 특히, MDA가 보유한 위성 제작 및 관측 기술은 북극해와 같은 극지방 관측과 군사적 활용에서 핵심 역할을 수행할 수 있다. MDA가 우호적인 지정학적 환경 속에서 얼마나 적극적으로 기회를 포착해 시장을 확대할 수 있을지 관심 가져야 한다.

5. Planet Labs PBC
: 위성 관측 기업은 인공지능 기업이다

플래닛 랩스는 관측 위성을 활용하여 지구상의 변화를 실시간으로 관측하고 이를 사용 가능한 데이터로 전환해 고객에 제공하는 위성 데이터 및 솔루션 기업이다. 초기에는 단순히 위성 데이터를 제공하는 역할에 머물렀으나, 현재는 인공지능을 활용한 데이터 분석과 인

플래닛 랩스가 운영 중이거나 운영 준비 중인 관측 위성군 목록

위성군	공간 해상도	시간 해상도	첫 발사연도	주요 계약
Dove	3m	하루 1회	2014	· 대량 생산 가능한 경량 큐브샛(3U)을 통해 지구 관측 · RGB + 근적외선(NIR)의 4개 스펙트럼 밴드로 지구 관측
SuperDove	3m	하루 1회	2019	· Dove의 차세대 버전으로 향상된 데이터 품질과 정밀도 제공 · 근적외선을 포함한 총 8개의 멀티 스펙트럼
SkySat	40cm	하루 10회	2013	· 구글에 인수한 Terra Bella의 기술을 기반으로 한 고정밀 관측 위성 · RGB + NIR + PAN 밴드를 통해 고해상도 사진 및 동영상 관측
Pelican	30m	최대 30회	2023	· SkySat의 차세대 버전. 더 높은 해상도를 통해 데이터 및 분석 제공 · 6 RGB + NIR + PAN 밴드를 통해 초고 해상도 사진과 동영상 관측
Tanager	30m	주간 단위	2024 (기술시연)	· Carbon Mapper의 일환. 육안으로 볼 수 없는 현상을 탐지하기 위한 초분광 위성 · 400 – 2500nm의 넓은 스펙트럼 범위를 커버. 420개 이상의 밴드를 통해 정밀한 대기 및 지표 분석 가능

자료: Planet Labs

사이트 도출, 그리고 인공지능 모델 학습에 최적화된 방대한 데이터 세트를 구축하는 플랫폼 기업으로 자리 잡았다. 2010년에 미국에서 설립된 플래닛 랩스는 북미, 유럽, 중동, 아시아 지역을 중심으로 자원, 환경, 농업 등의 영역에서 위성 관측 서비스를 제공하고 있다.

플래닛 랩스는 200개 이상의 군집 위성을 운영하여 매일 방대한 양의 지구 관측 데이터를 수집하고 있다. 기존 위성 운영 회사들이 썼던 소수의 지구 정지 궤도 위성을 배치하는 방식은 넓은 범위를 관측할 수 있지만, 해상도가 낮고 전송 지연 시간이 높아 세부적인 데이터 수집에 한계가 있었다. 이로 인해 기존 위성은 주로 기상 관측 같은 광범위한 데이터 수집에 국한되었다. 반면 플래닛 랩스는 다수의 소형 위성을 저궤도에 배치하여 더 자주, 더 높은 해상도의 데이터를 낮은 비용으로 제공하는 독자적인 시스템을 구축하는데 성공했다. 이는 활용 방법이 제한되었던 위성 데이터의 이용 범위를 정밀한 지표면 관측으로 확장하는데 크게 기여했다. 이를 통해 플래닛 랩스는 다양한 분야에서 관측 데이터를 수집하며 위성 관측 서비스의 틀을 만들어가는 역할을 수행하고 있다.

플래닛 랩스의 가장 큰 강점은 인공지능을 활용한 기술 혁신에 있다. 회사는 단순 위성 데이터 수집을 넘어 인공지능 기술을 이용한 실시간 분석 기능도 제공한다. 특히 인공지능 자동화 분석은 방대한 위성 데이터를 처리하여 고객이 더 빠르고 정확하게 의사결정을 내릴 수 있도록 도와준다. 이 기술을 활용하기 위해서는 위성 인프라와 방대한 데이터 보유가 선행되어야 하는데, 플래닛 랩스는 이를 위해 기존 위성군을 효율적으로 운영할 뿐만 아니라 새로운 관측 방식도 시도하고 있다. 현재 회사가 상용적으로 운용하거나 상용화를 준비하고 있는 위성군은 모두 5가지 종류가 있다

플래닛 랩스의 관측 전략 '팁앤큐(Tip and Cue)'

플래닛 랩스의 위성 관측 전략인 '팁앤큐(Tip and Cue)'는 데이터 수집 및 분석 체계의 핵심으로, 효율성과 정밀성을 결합한 방식이다. 이 전략은 두 단계로 구성된다.

먼저 Tip 단계에서는 도브(Dove)와 슈퍼도브(SuperDove) 위성을 이용해 매일 일정하게 지구 전역을 관측한다. 이 단계에서는 상대적으로 낮은 해상도의 위성을 이용해 대규모 데이터를 연속적으로 수집하며 주요 이상 현상 감지에 초점을 맞춘다. 이어지는 Cue 단계에서는 Tip 단계에서 감지된 특이 지역을 대상으로, 스카이샛(SkySat)과 펠리컨(Pelican) 같은 고해상도 위성을 활용해 정밀한 관측을 진행한다.

슈퍼도브는 팁(Tip) 전략을 강화하는 차세대 위성으로, 2019년부터 발사되었다. 기존 도브 위성과 달리 8개의 멀티 스펙트럼을 통한 관측 데이터를 제공한다. 이는 적, 녹, 청(RGB) 외에도 인간의 시각으로는 해석하기 어려운 대역까지 관측 범위를 확장할 수 있다. 슈퍼도브의 추가 스펙트럼 도입은 인간의 관측을 넘어, 인공지능과의 결합을 염두에 둔 설계라고 해석할 수 있다. 이는 데이터 분석 및 솔루션 제공 과정에서 인공지능을 적극적으로 활용하려는 플래닛 랩스의 의지를 확인할 수 있는 부분이다.

2023년부터 발사된 펠리컨 위성은 기존 스카이샛보다 더욱 발전된 성능을 자랑한다. 팰리컨은 이미지 품질, 스펙트럼 밴드, 이미지 처리 용량, 그리고 지연 시간 측면에서 향상된 기능을 갖췄다. 특히 팰리컨에는 엔비디아 Jetson GPU 모듈이 통합되어 있어, 엣지 컴퓨팅 기술을 구현할 수 있다. 이를 통해 위성 자체에서 데이터를 실시간으로 처리하고 관측에서 인사이트 도출까지 걸리는 시간을 대폭 단축할 수 있다. 이는 관측 서비스 전 과정에 인공지능을 도입해 효율성을 극대화하려는 플래닛 랩스의 방향성을 잘 보여준다.

팁앤큐 전략은 보편적 관측과 정밀 분석을 결합함으로써 변화하는 데이터 중심 시장에서 차별화된 경쟁력을 확보하도록 돕고 있다. 슈퍼도브와 팰리컨의 도입은 단순히 기술적 우위뿐만 아니라 AI와 엣지 컴퓨팅을 활용해 데이터 처리 혁신을 선도하려는 플래닛 랩스의 비전을 반영한다.

또한 플래닛 랩스는 새로운 관측 기술을 이용한 위성도 도입하고 있다. 2024년, 플래닛 랩스는 NASA와 캘리포니아주 등과 협력하여 초분광센서를 탑재한 타나저(Tanager) 위성의 운영을 시작했다. 이 인공위성은 육안으로 보이지 않는 메탄을 추적할 수 있는 기능을 갖추고 있는데, 플래닛 랩스가 참여하는 환경보호 프로젝트인 카본매퍼 (Carbon Mapper)의 일환이다. 초분광센서는 눈으로 감지할 수 없는 영역을 분석할 수 있는 기술로 이산화탄소와 메탄 배출과 같은 현상을 화학적·물리적으로 정밀하게 측정한다. 이를 통해 온실가스 배출 지

관측 위성에 쓰이는 대표적인 센서의 종류

위성군	특징	적용 위성 관측 기관

전자광학
(EO)
	· 고해상도 색상 이미지를 제공하여 직관적 분석
	· 효율성과 보편성의 이점을 가져 상업 분야에서
	  광범위하게 이용
	· 태양광이 필요하여 낮시간대에 이용 가능하며
	  기상 조건에 민감
		플래닛 랩스, 막사르, 에어버스,
		블랙스카이, 새틀로직,
		스페이스x(스타실드) 등

적외선
(IR)
	· 물체가 방출하는 열 적외선을 감지하여 밤에도
	  관측 가능
	· 색상 데이터가 없고, 해상도가 EO 센서보다 낮을
	  수 있음
		Skysight, SatVu, 안두릴,
		Muon Space 등

합성개구레이더
(SAR)
	· 마이크로파를 순차적으로 발사하여 시간과 기상
	  관계없이 관측
	· 위성 제작 및 운영 비용이 높고 데이터 해석이
	  복잡
		ICEYE, Capella Space,
		Synspective, iQPS, MDA,
		루미르 등

초분광센서
(Hyperspectral)
	· 물질의 성분을 분석하며, 기후 변화, 광물 탐사,
	  농업 분야에 활용
	· 기존 센서 대비 비용이 높고 데이터 처리와
	  저장이 복잡
		플래닛 랩스, Orbital Sidekick,
		Pixxel 등

자료: NewSpace Index

도를 제작하고, 구체적인 저감 전략을 수립할 계획이다. 단기적으로
회사는 연구기관과 협력하여 배출량 데이터를 지도화하며 이를 온실
가스 감축 정책에 활용하는 것이 목표다. 장기적으로는 초분광센서
를 통해 수집한 데이터와 기존 전자광학(EO) 센서를 통해 수집한 데
이터를 통합해 방위산업, 광업, 환경 등 다양한 분야에서 이용할 예정
이다. 새로운 방식의 데이터 통합으로 기존 기술로 접근이 어려운 정
보를 활용할 수 있으므로, 향후 타나저 인공위성의 활용 범위를 배출

량 감지에 국한하지 않고 자원 탐사와 산업 운영 최적화 등 상업적으로 확장할 수 있다.

플래닛 랩스의 두 가지 성장 전략
① 인공지능 기술 결합 ② 플랫폼 통합을 통한 운영 효율화

플래닛 랩스의 회사 운영 전략은 크게 두 가지인데, 인공지능 기술의 결합을 통한 성장과 플랫폼 통합을 통한 운영 효율화로 구분된다. 먼저 인공지능 기술과 플래닛 랩스의 성장은 밀접하게 연결되어 있는데, 세부적으로는 자체 인공지능 기술 활용과 고객의 인공지능 활용을 위한 데이터 제공으로 구분할 수 있다. 자체 인공지능 기술 활용 측면에서 플래닛 랩스는 방대한 양의 관측 데이터를 인공지능과 결합하여 강력한 시너지를 창출하고 있다. 회사는 2009년 이후 축적된 총 50페타바이트 이상의 지구 관측 데이터를 보유하고 있으며, 매일 약 3억 5천만 제곱킬로미터의 면적을 관측해 30테라바이트 이상의 데이터를 수집하고 있다. 이처럼 지속적으로 증가하는 데이터를 효율적으로 처리하기 위해 인공지능 기술 도입이 필수적인 상황이다.

실제로 플래닛 랩스는 관측 데이터의 수집 과정(업스트림)부터 데이터를 고객에게 제공하는 과정(다운스트림)까지 전반적인 영역에서 인공지능을 활용하고 있다. 차세대 초고해상도 관측 위성 팰리컨에 적용된 엣지 AI 기술은 업스트림 분야에서 인공지능 기술을 적용한 대표적인 사례인데, 인공지능이 위성에서 바로 데이터를 분석하고 판단하게 해주는 기술이다. 이는 데이터를 정제하고 처리하는 과정을 대폭 간소화시켜, 지연 시간을 줄이고 효율성을 높일 수 있다.

다운스트림 분야에서는 더욱 활발히 인공지능 기술을 활용하고 있다. 플래닛 랩스는 위성 데이터의 처리, 분석 및 식별 과정에서 합성곱 신경망(CNN)이라는 딥러닝 아키텍처를 이용하여 데이터를 효과적으로 분석한다. 이를 기반으로 고객이 쉽게 활용할 수 있는 데이터 솔루션을 제공하는데, 대표적인 예로 플래닛 인사이트(Planet Insights) 플랫폼과 플래닛 베이스맵(Planet Basemaps)이 있다. 플래닛 인사이트는 위성 데이터와 인공지능 기술을 결합해 고객에게 이해하기 쉬운 분석 보고서와 시각화 데이터를 제공하는 서비스이다. 플래닛 베이스맵에서는 고품질 관측 지도 업데이트에서 인공지능을 활용해 지도 흐림 현상을 제거하는 등 다양한 솔루션 영역에서 자체적인 인공지능 기술을 사용하고 있다.

플래닛 랩스는 인공지능 기술 발전에 발 맞춰 위성 관측 데이터를 활용하려는 수요 증가를 예상하고 이를 충족하기 위한 장기적인 비전을 실행하고 있다. 2018년에 발표한 검색 가능한 지구(Queryable Earth)는 회사 비전의 핵심으로, 지구상의 모든 이미지를 분석해 객체를 식별하고 이를 색인화해 사용자가 검색할 수 있는 형태로 제공하는 것을 목표한다. 이는 구글이 과거 인터넷 정보를 색인화 했던 방식과 유사한데, 플래닛 랩스는 그 대상을 지구로 설정해 데이터를 구축할 계획이다.

이 비전을 실현하기 위해 플래닛 랩스는 구체적인 실행 방안을 마련해 이미 여러 조치를 시행하고 있다. 머신러닝 활용에 최적화된 데이터를 제공하는 슈퍼도브 위성군 도입이 대표적이다. 슈퍼도브는 기존 위성과 달리 다중 스펙트럼 데이터를 제공하는데, 이는 인공지능 알고리즘이 더욱 풍부한 데이터를 학습하고 분석할 수 있도록 설계되었다. 또한 회사는 분석 준비 데이터(Analysis Ready Data) 서비스를 통해 고객이 머신러닝에 손쉽게 활용할 수 있는 데이터를 제공하고 있다. 이 서비스는 위성 데이터를 정제하고 분석 가능한 상태로 제공함으로써, 고객이 추가적인 데이터 처리 없이 인공지능 기술을 적용할 수 있도록 돕는다. 이러한 조치들은 플래닛 랩스가 미래의 인공지능 기술의 확산과 데이터 수요 증가를 인지하고 이를 선제적으로 준비하고 있음을 보여준다.

현재 챗지피티(ChatGPT)나 제미나이(Gemini)와 같은 인공지능 모델은 텍스트 중심의 대규모 언어 모델로 운영되고 있으나, 점차 이미지, 동영상, 음성 데이터 등 다양한 데이터 유형을 처리하는 멀티모달 형태로 발전하고 있다. 이를 위해서는 대규모 비정형 데이터 학습이 필수적이며, 플래닛 랩스가 보유한 위성 데이터는 지리 정보, 환경 변화, 기후 변화 등 다양한 정보를 포함한 이상적인 자원이다. 또한 플래닛 랩스의 위성 데이터는 규모, 다양성, 연속성 측면에서 독보적인

우주항공 투자의 시대가 온다

강점을 가지고 있다. 이는 멀티모달 인공지능 모델 학습에 필수적일 뿐만 아니라, 인공지능 기술이 한 단계 더 발전하기 위한 핵심 자원으로 자리 잡을 것이다. 데이터의 중요성이 다시 한번 부각될 시점이 도래하면, 플래닛 랩스의 방대한 위성 데이터 아카이브와 고빈도 관측 위성군의 가치는 폭발적으로 상승할 것이다.

플래닛 랩스는 이미 주요 빅테크 기업들과 체결한 전략적 파트너십을 통해 그 변화의 초기 단계에 들어섰다. 그 중에서도 가장 주목할 만한 것은 구글(알파벳)과의 협력이다. 구글은 플래닛 랩스의 지분을 10% 넘게 보유하고 있는 주요 투자자로, 양사의 관계는 2017년 플래닛 랩스가 구글의 모회사인 알파벳으로부터 테라벨라(Terra Bella) 사업부와 고해상도 위성 자산을 인수하면서 본격화되었다. 이후 구글은 플래닛 랩스와 다년간의 이미지 데이터 구매 계약을 체결했으며, 플래닛 랩스의 데이터를 구글 클라우드 마켓플레이스와 구글 어스 엔진을 통해 제공하며 협력을 확대해 왔다. 이를 통해 구글은 자사의 클라우드 및 데이터 분석 플랫폼과 플래닛 랩스의 데이터를 통합하여 다양한 산업 분야에서 활용할 수 있는 고부가가치 서비스를 제공하고 있다. 플래닛 랩스는 구글 외에도 아마존 웹서비스(AWS)와 마이크로소프트 등 다른 주요 빅테크 기업들과도 밀접한 관계를 형성하고 있다. 이들 클라우드 기업과의 협력은 회사가 보유한 방대한 위성 데이터를 인공지능 및 소프트웨어 솔루션에 통합할 수 있는 능력을 더욱 향상시킬 수 있다. 특히 인공지능 기반의 데이터 분석과 소프트웨어 플랫폼의 발전이 가속화되면서 데이터 플랫폼 기업으로서 위상을 강화하고, 글로벌 기술 생태계에서 중요한 역할을 수행하는 원동력이 될 것으로 기대된다.

　한편 플래닛 랩스는 인공지능 기술을 통한 성장 외에 플랫폼 통합을 통한 운영 효율성 개선이라는 또 다른 전략을 강조하고 있다. 이를 위해 2023년과 2024년 두 차례에 걸친 대규모 구조조정을 단행했으며, 각각 전체 인력의 10%와 17%를 감축했다. 동시에 판매 전략을 변경하고 플랫폼 통합을 강화해 효율성을 높이고 있는데, 2023년에 인수한 시너지스(Sinergise)와의 통합이 대표적이다. 시너지스는 유럽연합이 지원하는 센티넬 허브 플랫폼을 개발한 기업으로, 클라우드 기반 지리정보 시스템을 제공한다. 이 플랫폼은 유럽우주국이나 NASA가 제공하는 공공 무료 데이터뿐만 아니라 플래닛 랩스와 막사르 같은 상업 위성 데이터를 분석할 수 있는 통합 솔루션을 지원한다. 플래닛 랩스는 시너지스를 인수함으로써 자체 고해상도 상업 데이터와 센티넬 허브의 무료 데이터를 통합하였다. 이는 더 광범위한 데이터 제공 능력을 통해 기존 센티넬 허브 사용자를 플래닛 랩스 생태계로 유도하는 시너지 효과를 거두고 있다. 특히 이 플랫폼은 웹 기반의 직관적인 인터페이스와 강력한 시장 위치를 바탕으로 소규모 계약을 자동화하기에 최적화되어 있다. 이를 통해 회사 영업 인력이 소규모 계약 관리에서 벗어나 대규모 계약에 집중할 수 있는 환경을 조성했다.

두 가지 성장 전략에 따른 재무 효과

플래닛 랩스의 인공지능 기술과 운영 효율화는 재무적 성과에서 그 효과를 입증하고 있다. 비록 계절적 요인의 영향을 받았지만, 2023년(회계연도 2024년 3분기) 중반 구조조정 단행 시기에 40% 중반까지 하락했던 매출총이익률이 2024년 하반기(회계연도 2025년 3분기)에 60%를 상회하며 회복하였다. 이는 구조조정과 운영 효율화가 수익성 개선에 실질적으로 도움이 된 것을 보여주는 중요한 지표다. 조정 EBITDA도 흑자 전환을 앞두고 있으며, 차세대 위성 개발과 운영을 위한 자본 지출을 안정적으로 뒷받침할 수 있다. 이는 대규모 자본이 필요한 관측 위성 서비스 분야에서 플래닛 랩스의 지속적인 성장을 가능하게 해주는 중요한 요소다. 플래닛 랩스는 위성 관측과 데이터 서비스 분야를 이끌며, 인공지능 기술을 적극적으로 활용해 경쟁력을 강화하고 있다. 회사의 전략적 접근이 성공을 거둔다면 단순히 관측 위성 데이터를 제공하는 것을 넘어, 인공지능과 데이터 솔루션을 제공하는 핵심 기업으로서 강력한 입지를 다질 것이다.

6. AST SpaceMobile
: Direct to Cell 서비스의 선두주자

AST SpaceMobile(이하 AST)은 저궤도 위성을 이용해 세계 최초로 광대역 다이렉트 투 셀(Direct to Cell) 네트워크를 구축한 기업이다. 다이

기존 지상 및 위성 통신과 다이렉트 투 셀 방식의 차이

통신 방식	특징	관련 회사
기지국 (지상 통신)	기지국 범위 내에서 일반 대중을 상대로 이용	AT&T, T-모바일, 버라이즌, 보다폰
안테나 (위성 통신)	안테나를 설치하여 항공, 해양 등 상업 시장에서 이용	Inmarsat, SES, Viasat, 텔레샛, 스타링크
특수 단말기 (위성 통신)	전용 단말기 이용해 구조, 군사 등 특수한 상황에서 이용	Iridium, Inmarsat, 글로벌스타
Direct to Cell (위성 통신)	일반 소비자와 대중을 대상으로 스마트폰과 바로 연결	플래닛 랩스, Orbital Sidekick, Pixxel 등

자료: AST SpaceMobile

렉트 투 셀은 휴대폰과 위성이 직접 통신하는 방식으로, 기존 기지국을 통해 신호를 주고받는 지상 통신 방식과는 근본적으로 다르다. 이 방식은 기지국이 없는 지역이나 재난 상황에서도 위성과 직접 연결할 수 있는 통신 환경을 제공한다. 쉽게 말해 인공위성이 지상 기지국의 역할을 대신한다고 볼 수 있다.

다이렉트 투 셀은 기존 지상 기지국 기반의 통신뿐 아니라, 전통적인 위성 통신 방식과도 차별화된다. 기존 위성 통신 방식은 크게 안테나 설치 방식과 특수 단말기 이용 방식으로 구분할 수 있다. 안테나 설치 방식은 주로 항공과 해양 산업에서 활용되며, 전용 안테나

AST SpaceMobile, 주요 기술 및 상업적 성과

날짜	주요 성과
2024-12-09	보다폰과 2034년까지의 상업적 협정 체결
2024-09-12	첫 5개 상업위성 성공적으로 발사(Bluebird 1세대 5기)
2024-05-29	버라이즌과 함께 미국 대륙의 100% 지리적 커버리지 제공 계획 발표
2024-05-16	AT&T와 상업 계약 체결 발표, 첫 번째 확정적 상업적 계약
2024-03-28	TSMC와 협력하여 ASIC 칩 Tape-Out 단계 진입 발표
2024-01-19	AT&T, 구글, 보다폰으로부터 전략적 투자 유치
2023-09-19	스마트폰으로 우주 기반 5G 셀룰러 브로드밴드 연결 달성, 세계 최초 기록
2023-06-21	스마트폰에서 우주 기반 4G 연결 기능 확인
2023-04-25	세계 최초 우주 기반 음성 통화 성공, 일반 스마트폰 사용
2022-09-11	BlueWalker 3 궤도 발사 성공 발표(기술 시연 위성)
2021-04-07	AST SpaceMobile, 증시 상장
2019-04-01	BlueWalker 1 발사 성공(기술 시험, 위성-셀룰러 아키텍처를 검증)

자료: AST SpaceMobile

를 통해 비교적 빠른 데이터 전송을 할 수 있다. 반면, 특수 단말기 방식은 위성 전용 단말기가 필요하며, 주로 구조와 군사 등 특정 분야에서 제한적으로 이용된다. 이 두 방식 모두 추가 장비가 필요하다는 점에서 대중적으로 사용하기에는 한계가 있다. AST의 다이렉트 투셀 방식은 이러한 기존 방식들의 제약을 극복할 수 있다. 추가 장비 없이 일반 휴대폰만으로 위성과 직접 연결할 수 있어 훨씬 대중적이며 상업적 확장성이 크다. 이 기술은 인프라가 부족한 지역, 해양, 항공, 재난 상황 등 다양한 환경에서 통신 연결성을 제공하며, 전 세계 통신 격차 해소에 기여할 혁신적인 솔루션으로 평가받는다.

AST는 특수 단말기나 안테나 설치 없이 위성 광대역 통신 서비스를 제공하는 기술적 장점을 바탕으로, 연간 1.1조 달러 이상의 매출을 창출하는 글로벌 통신 시장에 진입하려고 한다. 전 세계 인구가 약 81억 명인 가운데 이동통신망 사용자는 약 56억 명(광대역 서비스 47억 명과 일반 대역 서비스 9억 명)으로 추정되며, 이동통신망을 이용하지 않는 인구는 약 25억 명에 이른다. AST는 이미 이동통신망을 이용 중인 56억 명의 사용자를 대상으로, 이들이 여행이나 출장 등으로 지상 기지국 범위를 벗어났을 때도 안정적인 위성 기반 광대역 통신 서비스를 제공하는 솔루션을 제시하고 있다.

또한 AST는 이동통신망에 가입하지 못한 약 25억 명에게도 서비스를 확장할 수 있다. 여기에는 기지국 설치가 어려운 지역이나 경제적·지리적 제약으로 인해 이동통신 서비스를 이용하지 못하는 사람들이 포함된다. AST는 이러한 지역에서 별도의 지상 기지국이나 백홀 네트워크 등의 인프라 없이 위성 기반 통신망을 구축함으로써 통신 접근성을 크게 향상시킬 수 있다. 이 같은 방식은 기존 인프라 제약을 극복해 전 세계 통신 접근성을 혁신적으로 개선할 잠재력을 가지고 있다.

AST는 광대한 통신 시장에 접근하기 위해 기존 이동통신망 운영 사업자와 협력하는 것을 핵심 전략으로 삼는다. 회사는 초기 단계부터 라쿠텐과 보다폰으로부터 전략적 투자를 유치해 기술 개발에 착수했으며 이를 바탕으로 2023년에 시험 위성을 발사했고, 같은 해 4월 세계 최초로 다이렉트 투 셀 음성 통화에 성공했다. 이후 4G 및 5G 통신 검증을 통해 기술적 우위를 다져 업계 내 선도적 위치를 확립했다. 이를 기반으로 AST는 AT&T, 버라이즌, 보다폰 등 주요 이동통신망 사업자와 상업 계약을 체결하며 시장 진출을 본격화했다. 연속된 상업 계약 체결은 AST의 기술이 이론을 넘어 실제 응용 가능한 수준에 도달했음을 보여준다. 양해각서(MOU) 형태로 협력을 약속한 이동통신망 사업자까지 포함하면 AST와 협력하는 이동통신망 사업자는 45개 이상으로, 이는 28억 명에 이르는 이동통신망 가입자에 접근할 수 있는 통로 역할을 수행한다.

AST와 이동통신망 사업자의 협력은 서로 상생할 수 있는 사업 모델을 제공한다. 구체적으로는 AST가 기존 이동통신망 가입 고객에게 광대역 위성 통신 서비스를 제공하고, 이동통신망 사업자는 통신 커버리지를 넓혀 서비스의 질을 향상시킨다. 이는 지상 기지국 설치가 어려운 해양 및 산악 지역에서도 네트워크를 확장할 수 있는 장점을 제공해 준다. 이 협력 모델은 AST와 이동통신망 사업자에게 상호 전략적 이점을 제공한다. AST는 통신 산업에서 비중이 큰 마케팅 비용을 절약하고, 이동통신망 사업자가 보유한 가입자와 주파수를 활용해 서비스를 확장할 수 있다. 이동통신망 사업자는 다이렉트 투 셀 기술이라는 혁신적인 기술에 직접 투자하는 위험을 감수하지 않고도 새로운 기술의 이점을 활용할 수 있다. 또한 AST에게 주파수를 제공하고 마케팅 비용을 절감시켜 주는 대신 AST의 다이렉트 투 셀 서비스 판매 금액의 50%를 가져간다. 이는 이동통신망 사업자의 비용과 기술적 불확실성을 줄이면서도 새로운 시장 기회를 탐색할 수 있는 효율적인 방식이다.

글로벌 확장 과정에서도 이동통신망 사업자와의 협력은 AST에게 매우 중요한 요소로 작용한다. 통신 산업 특성상 주파수 대역 사용에 대한 규제가 엄격한데, 이는 주파수가 제한된 자원이며 국가 안보와 경제에 밀접하게 연관되어 있기 때문이다. 그렇기 때문에 AST가 새로운 국가로 서비스를 확장하려면, 해당 지역에서 이미 기반을 다진 이동통신망 사업자와의 협력이 필수적이다. AST는 지역별로 핵심적인 이동통신망 사업자와 협력해 규제와 주파수 허가 문제를 해결하려 한다. 예를 들어 미국에서는 AT&T와 버라이즌, 일본에서는 라쿠텐, 유럽과 아프리카에서는 보다폰과 협력해 서비스를 빠르고 안정적으로 구축할 계획이다. 이 같은 협력 모델은 글로벌 확장 과정에서 시간과 비용을 절약하면서 규제 허들을 효과적으로 넘어설 수 있는 방법이다.

향후 통신 위성 발사 계획

AST는 2024년 하반기에 1세대 상업용 블루버드(Bluebird) 위성 5개 발사를 성공적으로 마쳤고, 이후 2세대 블루버드 위성 발사를 통해 글로벌 시장 진출을 가속할 계획이다. AST는 이미 스페이스X, 블루오리진, ISRO와 발사서비스 계약을 체결해 2026년까지 최대 60개의 위성(기본 45개와 옵션 15개)을 발사할 예정이다. 초기에 20개의 신규 위성을 발사해 기존 1세대 위성과 함께 북미 지역을 커버한 뒤, 추가 발사를 통해 2026년까지 북미, 일본, 유럽 등 주요 시장으로 서비스를 확대한다. 장기적으로는 총 90개의 2세대 위성을 발사하여 시스템 용량을 대폭 늘리고, 지구 대부분 지역을 아우르는 광범위한 네트워크를 구축할 계획이다.

이전에 발사했던 1세대 위성과 달리 2세대 위성에는 TSMC와 협력하여 자체 제작한 ASIC 칩이 사용될 예정이다. 여기에는 기존 프로토타입 위성(블루워커 1과 3)과 1세대 상업용 위성(블루버드 1)에 사용된 FPGA 칩과는 차별화된 설계가 적용되었다. FPGA 칩은 하드웨어 회로를 재구성할 수 있어 개발 초기나 테스트 단계에서 적합하지만, 성능과 비용 측면에서 한계가 있다. 반면 ASIC 칩은 특정 목적에 맞게 설계된 전용 하드웨어 칩으로 빠르고 효율적인 작업 수행이 가능하다. 특히 대량 생산 시 단가가 크게 낮아 상업적으로도 매우 유리하다. AST는 약 여섯 번째 블루버드 2 위성 발사부터 점진적으로 ASIC 칩을 장착한 위성을 발사할 계획인데, 이를 통해 성능과 효율성을 대폭 강화할 예정이다. ASIC 칩이 적용된 2세대 위성은 1세대 블루버드 위성에 비해 최대 10배의 대역폭 용량을 제공할 수 있다. 이를 통해 최대 120Mbps의 데이터 전송 속도를 지원하는데, 음성 통화는 물론 데이터와 비디오 전송까지 처리할 수 있는 수준이다. 이러한 속도와 대역폭은 단순히 문자 메시지나 저속 데이터를 전송하는 경쟁사와 비교해 큰 기술적 차별화 요소다.

아직까지 게이트웨이 장비 판매나 소규모 정부 계약 등 미미한 매출만 발생하는 AST에 가장 중요한 요소는 서비스 상업화 속도이다. 다이렉트 투 셀 시장의 매력은 이미 강력한 네트워크 구축과 수직 계열화에 성공한 스타링크, 그리고 애플과 협력하는 글로벌스타의 시장 진출로도 확인할 수 있다. 이 두 기업은 아직 문자와 저속 데이터 전송에 국한되어 있지만, 자본력에서 우위를 점하고 있어 AST에 경쟁 압박으로 작용할 수 있다.

2024년 3분기 기준 AST의 현금 및 현금성 자산은 약 5억 달러 수준으로, 연간 영업비용이 약 1.4억 달러이고 위성 한 대당 제작 및 발사 비용이 약 2천만 달러라는 점을 감안하면 2025년 말에서 2026년 중순쯤에는 유동성 관련 지표에 관심 가져야 할 수도 있다. 이를 대비하기 위해 AST는 2024년 9월, 4억 달러 규모의 ATM(At-The-Market) 자금 조달 계약을 체결해 실시간 주식 발행을 통한 추가 자금 확보 방안을 마련했다. 이 계약을 통해 회사는 이미 약 1억 달러를 조

달했으며, 3억 달러의 신규 자금 조달이 가능하다. 추가적으로 새로운 이동통신망 사업자와 확정 계약을 체결해 선지급금을 확보하는 방법도 있다. 버라이즌이나 보다폰과의 상업 계약 체결을 통해 현금을 선지급받거나 전환사채를 발행하는 방식과 유사할 것이다.

그러나 가장 이상적인 해결책은 역시 다이렉트 투 셀 위성 발사를 차질 없이 진행하고, 이를 통해 본격적인 매출과 현금을 창출하는 것이다. 이는 AST가 선순환 구조를 형성하여 자본적 독립성을 강화할 수 있는 방안이다. 아직 개척되지 않은 길을 가고 있는 AST가 기술적 리더십과 재무적 안정성 간의 균형을 유지하면서, 경쟁사들의 추격 속에서도 시장 우위를 지킬 수 있을지가 관건이다. AST의 사업적 성공 여부는 다이렉트 투 셀 기술이 얼마나 신속하고 효과적으로 상업화되는지에 달려 있다.

7. Globalstar
: 자원, 기술, 그리고 자본을 갖춘 하이브리드 통신 기업

글로벌스타는 저궤도 위성 통신 서비스를 기반으로 차세대 기술 개발과 전략적 협업을 통해 새로운 시장 기회를 모색하는 위성 통신 서비스 기업이다. 1991년 로럴과 퀄컴의 합작으로 설립된 회사는 저궤도 위성을 활용한 다이렉트 투 디바이스 기술을 통해 성장 기반을 다졌다. 다이렉트 투 디바이스란 통신 위성과 단말기를 직접 연결하는 방식인데, 글로벌스타는 위성 기반 음성 통신 및 저속 데이터 전송을 위한 특수 단말기를 통해 초기 위성 통신 솔루션을 제공했다.

글로벌스타는 자체 위성 네트워크를 기반으로 한 다이렉트 투 디바이스 기술을 보유하고 있었지만, 기존 제품들은 탐사, 재난, 구조 등과 같은 특수 상황에서 발생하는 수요에 주로 의존했다. 특수 시장은 안정적인 수요를 가지고 있다는 장점이 있으나, 대중 시장으로의 확장에 한계가 있다. 이는 글로벌스타가 지속적인 성장 동력을 확보하고 미래 사업의 규모를 확대하는데 어려움을 겪는 주요 원인 중 하나였다.

이러한 상황이 몇 년간 지속하면서 2010년 후반부터 회사는 전환점의 실마리를 찾기 시작했다. 회사가 보유한 주파수 대역(2483.5 MHz~2495 MHz) 일부를 지상 네트워크 통신에 사용할 수 있도록 연방통신위원회가 허가한 것이다. 이는 위성이동통신에 사용되던 주파수 대역을 지상까지 확장하여 회사가 통신 방식의 다변화를 추진하는 계기가 되었다. 또한 2021년에 엑스컴 랩스(XCOM Labs)와 협력하여 지상 및 위성 네트워크 통합 기술을 개발하면서 통신 방식의 다변화 움직임은 심화되었다.

무엇보다 가장 큰 변화는 2022년 중순에 발표한 애플과의 계약이다. 애플은 아이폰의 긴급 SOS 위성 서비스에 글로벌스타의 위성 통신 네트워크를 활용한다고 밝혔는데, 이는 글로벌스타가 상업 시장에서 위성 기반 응급 통신 서비스 제공자로서 새로운 가능성을 여는 시작점이 되었다. 이후 통신 분야의 선도 업체인 퀄컴의 전 CEO 폴 제이컵스가 글로벌스타에 합류하면서 회사의 사업 개발과 상업적 확장이 탄력을 받았다. 리더십 변화와 기술 혁신은 글로벌스타가 특수 시장에 머무르던 한계를 극복하고, 상업 시장에서 새로운 기회를 모색하는데 기여하고 있다.

글로벌스타의 세부 성장 전략

글로벌스타의 성장 분야는 크게 위성 통신과 지상 통신으로 나뉜다. 위성 통신 분야는 도매 고객(Wholesale), 사물인터넷(IoT), 소매 고객(Retail)으로 나뉘는데, 이 중 글로벌스타의 최근 외형적 성장을 이끈 주요 원동력은 애플과의 협력을 포함한 도매 고객 분야이다.

① 도매 고객 분야(위성)
– 회사의 최근 외형 성장을 견인

2022년 9월, 애플은 최신 제품에 글로벌스타의 긴급 위성 통신 서비스를 탑재한다고 발표했다. 이를 위해 글로벌스타는 자사 위성 용량의 85%를 애플의 긴급 위성 통신 서비스에 우선 배정해야 한다. 대신 애플은 글로벌스타에게 선지급금을 제공하여 회사의 운영 자금을 지원한다. 더불어, 애플은 2025년부터 발사 예정인 차세대 저궤도 위성 17기(MDA가 주요 계약자로 제작, 로켓랩이 하청 제작)에 대한 비용을 부담하며 글로벌스타의 대규모 위성 투자 자금을 지원하고 있다. 이 협력 구조는 글로벌스타의 자본 부담을 덜고, 애플의 대규모 사용자에 접근할 기회를 제공한다. 또한 글로벌스타는 위성 용량 중 나머지 15%에 대한 재량권을 보유하고 있어, 이를 활용한 추가적인 수익 창출이 가능하다. 이러한 계약 구조는 글로벌스타가 안정적인 수익원을 확보하는 동시에 잔여 자원을 활용해 자체적인 사업을 확장할 유연성도 제공해준다.

한편, 글로벌스타의 다이렉트 투 디바이스 서비스는 경쟁사와 차별화된 접근 방식을 취하고 있다. 회사는 다이렉트 투 디바이스 서비스가 현실적으로 기존 통신 방식을 완전히 대체하기는 어렵다고 판단한다. 이는 이동통신사의 지상 네트워크가 닿지 않는 지역에서 광대역 서비스에 대한 소비자 수요가 여전히 크지 않다는 판단 때문이다. 따라서 고비용 위성 군집 구축이나 대규모 기술 개발을 추진하는 대신, 애플과의 협력을 통해 안전 및 보안 등의 필수적인 서비스에만 집중하는 전략을 채택하였다. 이 같은 접근 방식은 고위험 투자를 피하면서도 실질적으로 수익 창출을 할 수 있는 분야에 자원을 집중하는 것으로, 다이렉트 투 셀 서비스에 대한 글로벌스타만의 접근 방식을 잘 보여준다.

② 사물인터넷 분야(위성)

– 신제품 출시로 시대의 흐름에 발맞출 전망

위성 서비스 분야에서 다음으로 성장이 기대되는 분야는 상업용 사물인터넷(IoT) 부문이다. 사실 위성 기반 사물인터넷은 초기부터 성장의 기반을 다져온 핵심 분야로, 글로벌스타는 이리디움과 오브컴에 이어 시장 점유율 3위를 차지하고 있다. 글로벌스타의 사물인터넷 서비스는 고효율 자체 칩 설계를 기반으로 한 단방향 통신으로, 이는 디바이스에서 위성으로 데이터를 전송하는 방식이다. 2025년부터는 양방향 IoT 모듈을 출시할 계획인데, 이를 통해 디바이스와 위성 간 실시간 통신이 가능해지며 원격 제어와 피드백 제공 등 활용 범위가 크게 확대될 것으로 기대된다.

글로벌스타의 사물인터넷 디바이스 구독자를 산업별로 살펴보면 에너지, 동물 추적, 운송 산업이 상위를 차지하고 있으며, 텔레매틱스(차량 무선 통신 서비스)가 4번째로 높은 비중을 차지하고 있다. 텔레매틱스는 자율주행 기술의 발전과 차량의 전장화로 인해 위성 IoT 모듈 활용이 커질 분야로 주목받고 있다. 지상 기지국으로 커버할 수 없는 지역에서 차량에 탑재된 위성 IoT 모듈은 자율주행에 필요한 통신 문제를 해결할 핵심 기술로 자리 잡을 전망이다. 결론적으로, 글로벌스타의 IoT 부문은 단방향 통신에서 양방향 통신으로 기술을 확장함으로써 성장을 가속할 것으로 기대된다. 이러한 기술 확장은 위성 IoT 서비스 수요 증가라는 글로벌 트렌드에 부합하며, 글로벌스타의 시장 점유율을 끌어 올리는데 주요 요인이 될 전망이다.

③ 밴드 n53과 XCOM RAN(지상):
– 통신 포트폴리오를 다각화할 중장기 성장 분야

2010년 후반부터 글로벌스타는 지상 통신 확장을 통해 중장기적인 성장을 모색하고 있다. 확장의 핵심은 밴드 n53 주파수 대역과 엑스컴 랜(XCOM RAN) 기술의 결합에 있다. 밴드 n53은 중대역 스펙트럼으로, 높은 활용도와 전송 속도를 제공하며 간섭 없는 사설 네트워크 구축에 이용할 수 있다. 이 주파수는 국제 통신 표준 단체인 3GPP로부터 표준 인증을 받았고, 현재 12개 국가에서 주파수 사용 허가를 받은 상태로 글로벌스타의 국제 시장 확장을 뒷받침하는 중요한 자산이다.

한편 엑스컴 랜 기술은 글로벌스타가 미국의 기술회사 엑스컴 랩스와 협력하여 개발 중인 무선 접속 네트워크(RAN) 기술이다. RAN은 스마트폰이나 IoT 디바이스를 코어 네트워크와 연결하는 기술로, 데이터 송수신을 위한 무선 통신의 핵심 체계다. 글로벌스타는 밴드 n53 등의 주파수를 활용해 RAN 기술을 구현하고, 이를 통해 지상 통신 네트워크 구축을 강화하려는 시도를 하고 있다.

이와 함께 글로벌스타는 퀄컴과 노키아 같은 주요 기술 기업들과 협력하여 밴드 n53 생태계 구축에 나서고 있다. 특정 주파수 생태계가 구축되면 해당 주파수를 활용한 장치 간 통신이 더욱 효율적이고 호환성이 높아질 것이다. 아직까지는 기술 개발 단계에 있지만 생태계 구축이 완료되면, 글로벌스타는 주파수를 임대하거나 사설 네트워크 구축을 통해 높은 수익성을 확보할 전망이다. 협업을 통한 주파수 생태계 구축은 주파수를 장기적으로 활용 가능한 자원으로 전환하는데 중요한 역할을 하며, 글로벌스타의 중장기 성장 잠재력을 높이는 핵심 동력이 될 것이다.

글로벌스타는 밴드 n53을 비롯한 주파수 자원, XCOM RAN(지상통신) 및 위성 통신이라는 기술력, 그리고 애플과 퀄컴 등 빅테크 기업들과의 협력이라는 자본적 기반을 갖추고 있다. 이러한 강점들이 결합되면서 글로벌스타는 위성과 지상 통신 분야를 넘나들며, 글로벌 통신 생태계에서 안정적인 입지를 다지고 있다. 과거 특수 단말기가 필요했던 한정된 시장을 넘어 다이렉트 투 셀 서비스와 지상 통신 서비스라는 새로운 시장을 개척하는 회사의 확장성에 주목할 필요가 있다.

8. Heico
: 본업과 우주산업 성장의 수혜를 동시에 받는 기업

헤이코는 항공, 우주, 방위, 전자기술 산업을 위한 부품과 시스템을 설계 및 제조하는 기업이다. 회사는 크게 두 가지 사업부로 나뉘는데, 항공기 애프터마켓 부품 및 수리 서비스를 제공하는 항공지원 사업부(FSG)와 방위, 우주 및 기타 산업에서 고부가 전자 제품을 납품하는 전자기술 사업부(ETG)이 있다.

사업부 ① 항공지원 분야(Flight Support Group)

2024년 회계연도 매출 비중의 68%를 차지하는 FSG는 헤이코의 핵심 부문이다. 이 부문은 상업 항공기와 군용 항공기를 위한 대체 부품 생산과 유지보수(MRO) 서비스를 포함한다. 이 분야에서 헤이코는 기존 항공기 부품 제조업체(OEM)보다 최대 40% 낮은 가격으로 대체 부품을 제공하면서도, 미국 연방항공청의 엄격한 인증 기준을 충족하는 안전성을 확보했다. 이와 같은 경쟁력 덕분에 헤이코는 항공기 유지보수 시장에서 독보적인 틈새 기업으로 자리 잡았다.

틈새 시장을 효과적으로 공략한 헤이코의 FSG 사업부는 최근 몇 년간 회사 실적을 견인하는 주요 요인으로 떠올랐다. 팬데믹과 러시아-우크라이나 전쟁 이후 나타난 인플레이션, 숙련된 노동력 부족, 그리고 보잉 비행기 사고로 인한 완제기 공급 차질이 항공기 유지보수 수요를 크게 높였다. 신규 항공기 공급이 지연되면서 기존 항공기의 노후화가 가속화되었고, 이로 인해 부품 교체와 유지보수 수요가 크게 늘어났기 때문이다. 이러한 시장 환경에서 헤이코는 값싼 대체 부품과 안정적인 품질을 제공하는 전략으로 경쟁력을 강화했다. 신규 항공기 수급이 원활하지 않은 상황에서 기존 기체 운영을 위한 대체 부품 시장이 빠르게 확대되었고, 헤이코는 이를 효과적으로 공략해 높은 성장을 이루었다. FSG 부문은 앞으로도 항공기 애프터마켓 시장의 지속적인 성장과 함께 헤이코의 핵심 사업으로 자리잡을 전망이다.

사업부 ② 전자기술 분야(Electronic Technologies Group)

한편 매출의 나머지 32%를 차지하는 ETG 부문에서는 방위, 우주, 의료, 통신 시장을 위한 첨단 전자 제품 설계 및 제조를 담당하고 있다. ETG는 틈새 시장 공략을 통해 다양한 시장과 프로그램에 제품을 공급하며, 안정적인 성장을 추구하고 있다. 특히, 하위 부품 단위의 고성능 전자 제품을 공급하는 방식은 여러 프로그램과 플랫폼에 제품을 제공할 수 있는 유연성을 확보한다. 이는 특정 대규모 프로젝트나 단일 시장 의존으로 발생하는 사업 리스크를 완화하고, 변화하는 시장 환경에도 민첩하게 대응할 수 있는 전략이다.

또한, ETG 부문은 수요 시장의 다각화를 진행중이다. 이로 인해 FSG 사업부에 비해 항공 분야의 비중은 상대적으로 낮고 국방·우주·기타 산업 비중이 높은 것이 특징이다. 이러한 포트폴리오 분산은 특정 산업 의존도를 줄이고, 국방 및 우주 분야의 지속적인 성장세를 기반으로 안정적인 수익 구조를 구축하는데 기여하고 있다. ETG는 FSG만큼 빠른 실적 성장은 보이지 않으나, 국방과 우주 영역에서 지속적인 확장의 수혜를 보는 부문이다. 특히, 글로벌 방위비 지출 증가와 민간 및 상업 우주 프로젝트 확대는 ETG 사업부의 중장기적인 성장 동력으로 작용할 전망이다.

우주산업 팽창에 따른 추가적인 성장 기대

헤이코는 항공기 유지보수 및 대체 부품 판매라는 본업의 성장에 더해 우주산업의 팽창으로 인한 수혜도 함께 누리는 대표적인 사례로 평가된다. 아직 우주산업이 회사 전사 매출에서 차지하는 비중은 크지 않으나, 전자기술 사업부(ETG)에서 고품질 특수 제품 경쟁력을 바탕으로 우주산업 성장의 수혜를 받을 전망이다. 헤이코는 차세대 GPS와 인도우주연구기구(ISRO)의 화성 탐사 프로젝트 같은 정부 주도 프로젝트뿐만 아니라, 이리디움, 비아샛, 인텔샛 등 상업 기업에 위성 부품을 납품하며 우주산업에서 신뢰받는 파트너로 점차 자리 잡고 있다.

헤이코의 독특한 대규모 인수합병 전략은 우주산업에서도 주목받고 있다. 회사는 항공기 유지보수 시장에서 틈새 시장을 공략한 접근을 우주산업에서도 적용중이다. 기존 대형 위성 제조업체와의 직접적인 경쟁을 피하고, 특화된 부품과 서비스를 통해 고수익을 창출하며 우주산업 내 경제적 해자를 구축하고 있다. 헤이코만의 전략적 시장 입지는 워런 버핏의 포트폴리오에 편입된 이유를 잘 설명해준다. 향후 헤이코가 우주산업에서 집중하는 분야를 파악하여, 우주산업내 틈새 시장을 판단하는 근거로 활용할 수 있을 것이다.

우주항공 투자의 시대가 온다

3장

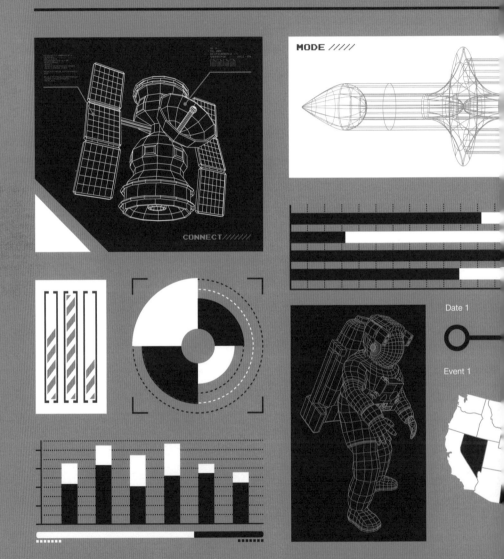

한국 우주산업의 현재

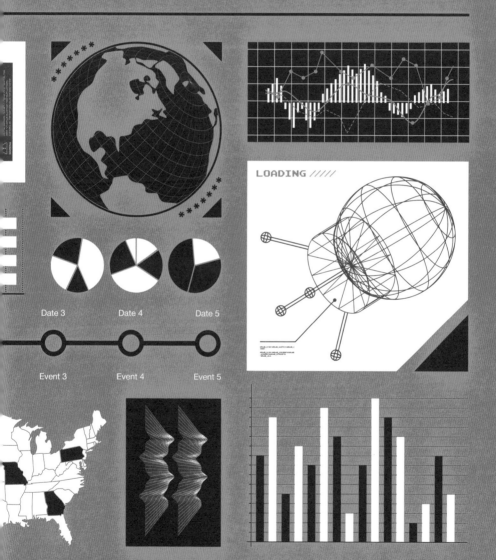

한국 정부의
우주산업 지원 현황

정부 주도의 투자에서 민간 주도의
생태계 조성으로 전환하는 과도기

미국의 우주산업과는 달리 한국의 우주산업은 아직 정부가 주도하는 단계다. 특히 2019~2020년부터 우주산업에 대한 정책적인 지원이 확대되고 있는데, 이는 정부 예산이 확대되는 흐름으로 확인할 수 있다. 정부지원이 민간 기업으로 확산되는 과정은 '예산 확대 → 세부 중점 분야에 대한 지원 확대 → 국책 연구기관 및 우주항공청의 프로젝트 수행 → 민간 기업의 프로젝트 수주를 통한 기술개발 및 매출 발생'이다. 지금은 특히, 위성 제조와 위성항법시스템에 대한 예산이 확대되고 있는 추세이며, 특히 2024년부터는 우주항공청이 설립됨

3장 한국 우주산업의 현재

에 따라 향후 우주산업에 대한 정책적인 지원을 주도해 갈 예정이다.

그 외 주기적으로 발표되는 '우주개발 진흥 시행계획'도 참고해 볼 필요가 있는데, 여기서는 한국형 위성항법시스템, 차세대 발사체 개발사업, 초소형위성체계 개발사업 등에 대한 예산이 가장 많이 증가하고 있다. 뒤에서 다룰 우주산업의 한국 기업들도 주로 이와 같은 분야에 해당하는 기업들이다.

미국의 우주산업은 이제 민간 주도로 시장을 급격히 확대해 갈 것으로 예상되지만, 한국의 우주산업은 그 과도기에 있다. 특히 발사체 시장을 제대로 형성하지 못하고 있기 때문에 발사 서비스의 경우 스페이스X, 로켓랩 등에 의존하고 있지만, 로켓 발사의 경우는 군사 안보 및 국가 전략적인 관점에서 봤을 때 해외 기업에 의존하고만 있을 수는 없는 분야다. 따라서 우주산업에 대한 정부 지원은 계속될 것이며, 그 지원은 곧 기업들의 매출로 연결될 것이다.

국내 우주산업 폭발적 성장 초입

① 우주항공청 개청 및 우주경제 생태계 조성 본격화

2022년 12월 정부 관계부처는 미래 우주경제 로드맵 이행을 위한 '제4차 우주개발진흥 기본계획'을 발표했다. 최근 빠르게 변화하고 있는 전 세계 우주시장의 환경변화인 뉴 스페이스 확대, 우주탐사 본

우주산업의 메커니즘

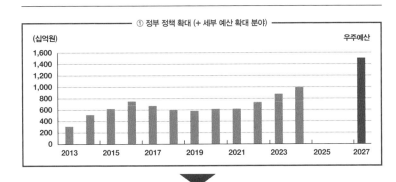

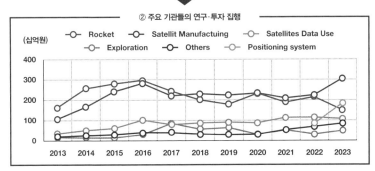

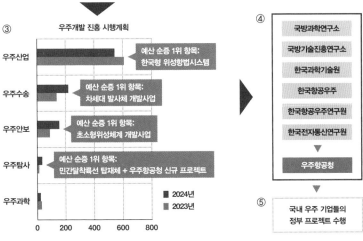

자료: 과학기술정보통신부

우주개발진흥 기본계획 주요 내용 (1~4차)

		우주개발 중장기 기본계획 ('96~'07)	제 1~3차 우주개발진흥 기본계획 ('07~'22)	제 4차 우주개발진흥 기본계획 ('23~)
목표 & 범위	탐사		1) 달 궤도선 개발 / 발사 추진	1) 우주탐사 계획 확장
	우주산업	1) 위성 활용 활성화	1) 위성 / 발사체 기술 민간 이전 추진 2) 위성 활용 산업 창출 추진	1) 민간 주도의 우주산업 생태계 조성
	기술	1) 저궤도 위성 독자개발 추진 2) 저궤도 독자 발사체 개발 추진	1) 다목적, 차중형 등 다수의 위성 개발 2) 나로호 ('13), 누리호 ('22) 개발	1) 선도형 첨단기술 개발
성과		1) 저궤도 위성 독자개발 및 자력발사 장기 목표 설정 2) 액체엔진, 실용급 위성 개발의 기틀 마련	1) 장기간 추구해온 독자 위성 발사 능력 확보로 목표는 일단락 2) 최초의 우주탐사 프로젝트 시작	1) 우주강국으로의 도약을 위한 중장기 목표 수립 및 이행

자료: AST SpaceMobile

격화, 글로벌 경쟁 격화, 우주개발의 가치 증대를 반영하여 기존의 연구개발 중심 계획에서 우주산업 생태계 조성, 우주 안보 등 종합적인 정책 수립을 새롭게 제시했다. 이번 개발 계획은 우주산업 발전에 필요한 구체적인 정책과 목표를 설정하고 있어 민간 주도의 우주개발 참여 확대를 비롯하여 향후 국내 우주산업의 유의미한 변화들이 나타날 것으로 예상된다.

그간 국내 우주산업의 대부분은 정부가 주도하는 형태였으나, 최

우주항공 투자의 시대가 온다

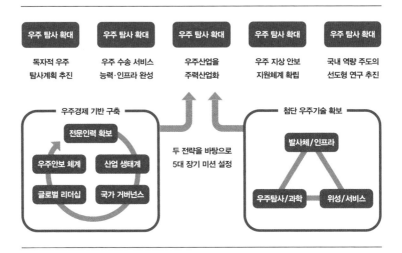

자료: 관계부처 합동, KB증권

근에는 민간 주도의 우주산업 생태계 촉진을 위해 ①인프라 구축, ②국산화 지원, ③국제협력 강화, ④제도 개선 등 다양한 측면에서 정책 지원이 이루어질 전망이다. 이에 따라 우주정책 범위를 확대하고 긴밀한 대응을 마련하기 위해 과기정통부는 한국판 나사(NASA)인 '우주항공청'을 경남 사천에 2024년 5월 27일 공식적으로 개청했다. 우주항공 업무 수행에 필요한 각종 하위법령 마련, 관계부처 협력, 연구기관 지원, 예산 확보, 국제협력, 인재양성 등 세계 5대 우주강국 도약을 위한 정부의 지원이 본격화될 것으로 예상된다.

② 국내 우주산업 시장규모

우주산업실태조사 자료에 따르면 국내 우주산업의 시장규모는 2022년 약 3조 457억 원을 기록했다. 부문별로 살펴보면 우주활용 부문이 약 2.1조 원으로 우주기기제작 부문 대비하여 약 2배에 이른다. 특히 우주활용 내에서 위성서비스 및 장비가 전체 시장의 58.2%로 가장 높은 비중을 차지하고 있으며, 위성체 제작 및 발사체 제작 비중은 각각 16.7%, 12.0%이다.

국내 우주산업의 시장규모는 관련 산업의 주요 선진국과 비교하여 격차가 상당히 벌어져 있다. 글로벌 10위권에 안정적으로 안착하기 위해서는 현재 시장규모의 약 3배 이상 확대가 필요할 것으로 예상된다. 국내 우주 시장 또한 국가 안보와 직결되어 있고, 첨단기술 영역으로 국가 자산에 해당하기 때문에 정부의 역할이 높을 수밖에 없다. 아직 국내 민간 우주산업은 글로벌 업체와 비교하면 개화 단계에 불과하지만 정부 또한 민간 기업의 우주산업 진입을 지향함에 따라 활발히 투자가 이루어질 것으로 예상된다. 이에 따라 중견·중소기업뿐만 아니라 민간 스타트업의 시장 진입은 단계별로 빠르게 이루어질 것으로 판단된다.

2년 정부의 우주개발 예산은 7,340억 원으로 전년 대비 18.9% 증가했다. 2012년 나로호 발사 성공 이후 ①한국형 발사체 고도화 사업, ②한국형 위성항법시스템(KPS) 구축 사업, ③정지궤도 공공복합

국내 우주산업 부문별 시장규모

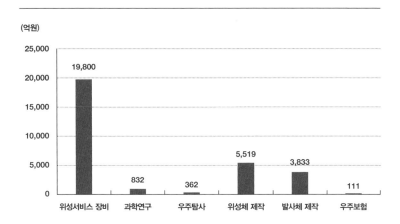

(억원)

· 국내 우주산업은 크게 ① 우주활용 (위성서비스 장비, 과학연구, 우주탐사), ② 우주기기제작 (위성체 제작, 발사체 제작, 우주보험)으로 구분할 수 있음
· 국내 우주산업 내에서 위성서비스 장비가 전체 시장의 58.2%로 가장 높은 비중을 차지하고 있음

자료: 우주산업실태조사 2022, KB증권

통신위성 개발사업이 예산 증가의 주 요인으로 판단된다. 특히 정부가 민간 주도의 우주산업 육성과 생태계 형성을 위해 적극적인 지원이 예상된다. 우주산업 관련 정부의 예산은 2022년 7,340억 원 → 2025년 9,649억 원 → 2027년 1.5조 원 → 2030년 2.1조 원으로 매년 꾸준히 증가, 전체 GDP에서 우주산업 예산이 차지하는 비중은 확대될 전망이다.

③ 방산과 우주항공 산업의 콜라보레이션 + Q의 성장

우주산업은 국가의 안보와 직결되는 만큼 방산 산업과 밀접한 관계에 놓여있다. 특히 우리나라는 전 세계에서 유일한 분단 국가로 군사적 긴장의 끈을 놓을 수 없는 상황이기 때문이다. 2022년 2월 24일 러시아-우크라이나 전쟁을 시작으로 이스라엘-하마스, 중국-대만 등 전 세계적으로 지정학적 갈등이 심화되고 있다. 북한은 혼란스러운 국제 정세를 틈타 2023년 11월 23일, 2018년 남북정상회담 군사합의에 대한 파기를 선언했다.

북한은 그동안 의도적이고 반복적으로 합의 사항을 위반해왔고 군사합의 파기 직전인 2023년 11월 21일에는 군사정찰위성 '만리경 1호' 발사를 감행하며 한반도의 긴장감을 고조시켰다. 한국 정부는 이에 상응하는 조치로 이튿날 9. 19 남북 군사합의 제1조 3항(비행금지구역 설정)에 대해 효력정지를 결정하였고, 12월에는 우리 군도 정찰위성 1호기를 쏘아 올렸다. 북한의 무기 체계는 탄도미사일의 기술을 바탕으로 정찰위성 및 관측위성 개발 등 우주산업을 기반으로 변화를 시도 중에 있으며, 향후에도 한국과 경쟁적으로 개발에 뛰어들 것으로 예상된다.

북한이 정찰위성 발사를 본격적으로 준비하기 시작한 시점은 2021년으로 판단된다. 이때 노동당 제8차 대회에서 '국방과학 발전 및 무기체계개발 5개년' 계획을 통해 정찰위성에 대한 개발과 발사를 확대하겠다고 공표했다.

우주항공 투자의 시대가 온다

북한 인공위성 운영 현황

발사체	발사일	탑재위성	발사장소	궤도 진입	결과	NORAD ID	운용고도	주기	궤도
대포동 1호	1998-08-31	광명성 1호	대포동	실패	3단 분리 실패	–	–	–	–
대포동 2호	2006-07-05	미사일	대포동	실패	공중폭발	–	–	–	–
은하 2호	2009-04-05	광명성 2호	대포동	실패	3단 분리 실패	–	–	–	–
은하 3호	2012-04-13	광명성 3호	동창리	실패	공중폭발	–	–	–	–
은하 3호	2012-12-12	광명성 3-2호기	동창리	성공	정상 운행	39026	524km	95분	97.2도
광명성	2016-02-07	광명성 4호	동창리	성공	정상 운행	41332	497km	95분	97.4도
천리마 1호	2023-05-31	만리경 1호	동창리	실패	2단계 점화 실패	–	–	–	–
	2023-08-24			실패	3단계 비행 중 오류	–	–	–	–
	2023-11-21			성공	정상 운행	58400	493km	94분 40초	97.4도

자료: KDI 한국개발연구원, KB증권
주: NORAD ID는 북미 우주항공사령부에서 부여하는 위성의 코드 번호를 뜻함

북한 최초 정찰위성 '만리경 1호'

자료: 조선중앙통신

    KDI 한국개발연구원에 따르면 북한은 현재 공식적으로 총 3기의 인공위성을 운영 중인 것으로 확인된다. 첫 번째 위성은 2012년 12월 12일 광명성 3-2호기로 은하 3호 발사체를 통해 발사에 성공했다. 은하 3호 발사체는 3단 로켓으로 700kg 화물을 탑재하여 8,000km까지 발사가 가능한 것으로 추정된다. 2016년 광명성 4호에 이어 2023년 11월 21일에는 3번의 실패 끝에 북한 최초로 정찰위성 발사에 성공, 이후 북미 우주방위사령부(NORAD)는 공식적으로 발사 성공을 확인했고, 만리경 1호에 대해 NORAD ID: 58400을 부여했다.

만리경 1호에 사용된 천리마 1형 발사체

자료: 조선중앙통신

만리경 1호는 발사 후 705초 만에 정상 궤도에 진입했다. 이번 정찰위성 발사 성공으로 북한이 향후 다수의 정찰위성을 추가 발사할 가능성이 상당히 높아졌다. 북한은 다수의 군사정찰위성을 확보하여 ① 국방력을 강화하고, ② 한국·미국·일본 등 국내외 주요국의 군사 요충지 및 전략 자산 등을 촬영하여 ③ 군사 정보수집 및 정밀 타격 능력 향상을 하려는 목적이 있다고 판단된다. 또한 습득한 정보를 바탕으로 러시아 등과의 군사 정보 교환이 실시간 이루어질 경우 안보에 부정적 영향을 끼칠 수 있다고 예상된다.

북한 미사일 발사 현황 (2015~2022년)

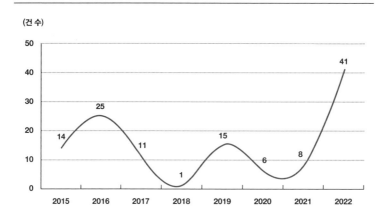

(건 수)

· 합동참모본부에 따르면 2015~2022년 북한의 마사일 발사는 총 121회, 연평균 약 15회에 달함
· 2022년에는 탄도미사일 38회, 순항미사일 3회 총 41회에 이르고, 윤 정부 출범 이후 28회로 도발 수위를 지속적으로 높이고 있음

자료: 합동참모본부

북한의 정찰위성 발사 성공이 한반도 안보에 영향을 끼치는 전략적 함의는 크지만, 실제로 만리경 1호 및 발사체 전반에 접목된 기술력을 분석했을 때 북한에 비해 한국이 월등히 앞서는 것으로 판단된다. 아래 그림은 북한 정찰위성과 한국 정찰위성의 해상도를 비교한 자료이다. 한국 정찰위성 1호기의 촬영 해상도는 0.3m로 건물과 물체의 정확한 위치 포착이 가능한 반면, 북한의 만리경 1호의 해상도는 3~5m급으로 추정되며 물체의 정확한 위치 판별 및 식별이 어려울 것으로 판단된다.

AST SpaceMobile, 주요 기술 및 상업적 성과

구분	광명성호	천리마-1형
발사 일시	2016년 2월 16일	2023년 5월 31일
구성	총 3단 로켓 + 위성 탑재부	광명성호와 동일
탑재 위성 중량	200~250kg	300kg 안팎 군사정찰위성 다수 동시 탑재 가능
위성 탑재부 형태	탑재부가 동체 중 가장 작은 형태	탑재부가 큰 가분수 형태
추진력 및 추력	액체엔진 준중거리 노동미사일 엔진 4개 총추력 120TF (톤포스)	액체엔진 화성-17형 ICBM용 '백두산 엔진' 2개 혹은 4개 총추력 160~320TF (톤포스)

자료: 조선중앙통신

북한은 러시아-우크라이나 전쟁, 이스라엘-하마스 전쟁 등으로 전 세계가 혼란스러운 틈을 타 미사일 발사 횟수를 급격히 늘리고 있다. 2022년에만 탄도미사일 38회, 순항미사일 3회 등 총 41회의 미사일 발사를 단행했다. 특히 윤 정부 출범 이후에 28회로 도발 수위를 지속적으로 높이고 있다.

최근 정찰위성 만리경1호 발사 성공에 이어서 올해 최소 3개 이상의 정찰위성을 추가로 쏘아 올릴 것으로 예상된다. 하루에 두 번 남한 지역을 지나는 만리경 위성은 한국·일본·미국의 주요 전략 요충지를 정찰 및 감시할 목적이 최우선일 것이다. 북한은 나아가 국가우

자료: 조선중앙TV, 언론, KB증권

주개발국(NADA)을 국가항공우주기술총국(NATA)으로 개편하여 우주 개발 노선에 박차를 가하고 있다.

북한이 다수의 정찰위성을 발사하려는 궁극적인 이유는 단순 정찰 감시가 아닌 ICBM(대륙 간 탄도미사일)의 완성도를 끌어올리기 위한 병렬 테스트로 판단된다. 정찰위성 만리경 1호에 사용되는 발사체는 천리마-1형으로 무게는 300kg 안팎의 가분수 형태이며, 화성-17형 ICBM '백두산 엔진' 2개 혹은 4개를 사용한 것으로 추측된다. 정찰위성을 쏘아 올리는 발사체가 결국 2023년 12월 18일에 성공한 대류간 탄도미사일 화성-18형과 추구하는 지향점이 같기 때문이다.

북한은 다수의 정찰위성을 쏘아 올리면서 발사체 최적의 ①궤도 진입 각, ②발사 속도, ③고도 등의 데이터를 축적할 것이다. 이 데이터를 바탕으로 북한은 ICBM 대륙 간 탄도미사일의 성능을 업그레이드하여 향후 화성-19형 등 신형 발사체 개발을 추진할 가능성이 높을 것으로 판단된다. 2022년 성공한 화성-17형의 사거리는 15,000km, 최대 고도는 6,500km로 대기권 밖을 비행한 후 전략 목표를 공격하는 미사일 형태임을 고려하면 이러한 북한의 의도가 분명 내포되어 있을 것으로 예상된다.

결국 상대적으로 비용이 저렴한 정찰위성 발사를 명분으로 내세우지만, 궁극적으로 북한의 목적은 ICBM 대륙간 탄도미사일과 핵미사일(탄두 교체) 고도화다. 대륙 간 탄도 미사일 발사나 핵실험은 한국과 미국의 반발을 비롯하여 유엔 안전보장이사회(이하 안보리) 비상임이사국으로 대북 제재를 받을 수 있기 때문에 주변국의 반발을 최대한 낮출 수 있는 선택지 중에 하나가 정찰위성 발사로 판단된다.

④ 2027년 4대 방산 강국을 진입을 향하여

올해 들어 북한이 단거리 탄도미사일 발사 등 도발 수위를 높여가고 있는 가운데, 한국도 전략무기 개발 및 투자를 확대해 나가고 있다. 방위사업청은 2024년 3월 6일 2027년 세계 4대 방산 강국 진입

(억달러)

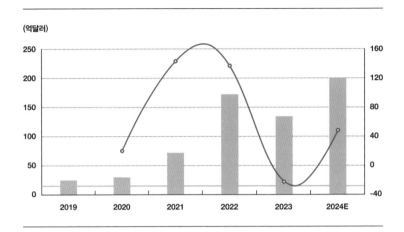

자료: 방위사업청, 국방부, KB증권

을 목표로 'K-방산'을 안보의 기반이자 성장 동력으로 육성하기 위한 청사진을 제시했다. 올해 폴란드 등 유럽과 중동 지역을 발판으로 약 200억 달러의 목표를 설정했으며, 미국과 영국 등 협력을 확대하고 해외 주요 방산 업체와 무기체계 공동 개발을 추진할 예정이다.

뒤이어 국방부는 3월 19일 '2024년 국방 주요 정책'을 발표했다. 북한의 핵, 미사일 위협에 선제 대응하기 위한 킬체인(Kill Chain) 프로젝트에 이어 '한국형 3축 체계' 구축에 6조 9,000억 원을 투입하기로 했다. 장사정포 진지와 지휘통제실 등을 정밀 타격할 수 있는 전술 지대지 유도무기(KTSSM-I)가 올해 공식 전력화하고 장거리 지대공유도무기(L-SAM) 개발도 완료될 예정이다. 원형 공산 오차(Circular Error

군사용 정찰위성 종류

구분	주요 내용	탑재장비
일반 정찰위성	지상의 이동 및 고정물체 광역/정밀 촬영 고도 120~800km	광학카메라, 다중 스펙트럼 스캐너 적외선 센서, 레이더 (SAR)
신호 정보위성	지구상의 통신, 신호포착 통신장비, 레이더, 미사일 발사 등 위치 특성 파악 고도 300~36,000km	통신감청장비, 레이더전파수신 장비 주파수 분석장치, 미사일 발사탐지기
해양 정찰위성	함정, 항공기 감시 및 해양 상태 파악 실시간 감시 고도 250~1,200km	고도계, 적외선 센서 레이더 산란계, 레이더 (SAR)
조기 경보위성	ICM 및 SLBM 탐지 및 경보 고도 500~10만 km	미사일 발사탐지 및 분사열 탐지장비 X선 광학 핵감지센서, EMP 수신기 및 처리기
핵폭발 탐지위성	지상, 대기 및 우주공간에서의 핵폭발 시험 탐지 고도 11만 5,000km	핵탐지 센서, X선-감마선, 중성자, 적외선 탐지센서

자료: 한국 국방연구원 무기체계연구센터, KB증권

Probability, CEP)는 5m 내외로 세계 최고 수준의 정밀도를 나타내며, 정밀 타격을 위해 2024년 4월과 11월에 각각 군은 정찰위성 2~3호기를 발사하여 대북 감시 능력을 더욱 강화할 것으로 판단된다.

우주 패권 장악을 위한 정찰위성 및 관측위성 시장 성장에 주목해야 할 필요가 있다. 과거 20세기 우주 전쟁이 미국과 소련의 대결 구도였다면, 21세기 들어와서는 미국을 비롯하여 중국, 러시아, 인도 등 다수의 국가가 우주 패권 전쟁에 돌입했다. 정찰위성 부문에 있어 가

AST SpaceMobile, 주요 기술 및 상업적 성과

구분	내용
사업개요	2025년까지 한반도와 주변을 감시하는 정찰 위성 5기를 발사하는 사업
목표	대북 킬체인 배치(선제타격)로 북한 위협을 실시간으로 탐지하고 선제 타격하는 군 대응 시스템 마련
사업 주체	방위사업청, 국방과학연구소(ADD)
사업비용	1조 2,214억원
기대효과	5기 운영 시 2시간마다 한반도 관찰 가능
구체적 내용	고성능 영상 레이더(SAR) 탑재 위성 4기 / 전자광학(EO), 적외선(IR) 탑재 위성 1기 사업 이름 '425' SAR, EO → 425 주요 부품 국산화율 60~70%, 설계 및 조립시험 등은 100% 국산화

자료: 방위사업청, KB증권

장 앞선 국가는 단연코 미국이다. 로이터 통신에 따르면 미국 정부는 최근 앨런 머스크의 스페이스X와 약 2조 3,976억 원 규모의 비밀 계약을 맺고, 수백개의 정찰 위성을 연결하는 '스파이 네트워크'를 구축 중이라고 밝혔다. 이미 시제품은 양산되어 발사되었으며, 운영 시스템은 스페이스X의 군사용 위성 서비스 '스타실드(Starshield)'가 담당할 것으로 추측된다.

군사용 정찰위성은 크게 5가지로 구분되며, 일반 정찰위성이 가장 대중적으로 사용되는 모델이다. 탑재 장비는 주로 광학카메라(EO)와

우주항공 투자의 시대가 온다

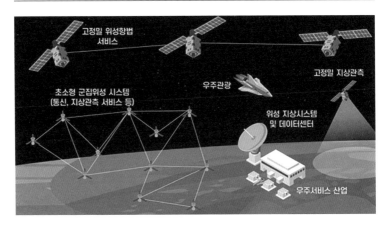

우주산업 삼각 클러스터 형성은 위성통신, 관측위성, 위성항법 등 서비스 시장의 수요 증가로 이어질 가능성이 높음
민간 업체의 적극적인 시장 진입은 향후 기존 산업에 다양한 변화와 새로운 부가가치 창출로 이어질 수 있다고 판단됨

자료: 우주개발진흥계획, KB증권

적외선 센서(IR)이 적용되지만, 기상악화 시에는 기능을 발휘할 수 없
는 단점이 존재한다. 최근에는 레이더 및 광학 기술의 고도화로 합성
개구레이더(SAR: Synthetic Aperture Radar)가 탑재된 위성이 주를 이룰 전
망이다.

한국도 북한의 핵, 미사일 위협에 대응하기 위해 '425 프로젝트'를
진행 중이다. 425 프로젝트는 2025년까지 한반도와 주변을 감시하
는 정찰위성 5기를 발사하는 사업으로 선제타격 킬체인 시스템의 일
환이다. 사업비는 약 1조 2,214억 원에 이르고 총 5기 운영 시 2시간

위성 서비스 시장 확대 방향

구분	현재		
	B2G	B2B	B2C
영상활용			
저궤도 (LEO)			
정지궤도 (GEO)			
항법 (GPS)			
항법 (KPS)			

향후		
B2G	B2B	B2C
1) 영상 등 위성정보 다부처 플랫폼 2) 사회문제 해결 등 관련서비스 발굴	1) IT, 금융 등 다양한 분야 서비스 발굴 2) 해외 첨단 서비스 분석 및 참여지원	1) 위성정보 대국민 플랫폼 개발 2) 스페이스 해커톤 확대 및 지원강화

자료: 우주개발진흥계획, KB증권

마다 한반도 주변의 감시 정찰이 가능하다.

한국은 2023년 12월과 2024년 4월에 각각 정찰위성 1~2호기 발사에 성공했다. 1~2호기 모두 스페이스X의 팰컨9 발사체를 사용했다. 그 이유는 ①성공 확률이 99.2%에 이르고, ②발사 비용이 상대

우주항공 투자의 시대가 온다

우주기술, 소재, 부품 인증 계 구축(안)

구분	주요 내용
제도	1) 우주기술, 소재, 부품 표준화 및 인증 관련 법적 근거 마련 2) 시험 / 인증 기준 및 절차 마련 (가칭 Korea Space Standard)
기반	1) 시험 / 인증기관 지정 및 육성 2) 소재, 부품 DB 구축, 공개 및 표준화 3) 인증 전문가 양성
활용	1) 위성 제품 보증 가이드라인 마련 (초소형 → 중형 → 대형 위성으로 단계적 확대) 2) 미국, 일본, 유럽 등 우주개발 선도국과 공동 인증 협력 추진

자료: 우주개발진흥계획, KB증권

적으로 타 발사체 대비 저렴하기 때문이다. 1호기와 달리 2호기 발사 위성부터는 악천후에도 감시 정찰이 가능한 고해상도 영상레이더 SAR가 탑재된다. 주요 부품의 국산화율은 60%대, 설계 및 조립은 100% 국산화에 성공함에 따라 향후 국산화 비중은 확대되며 투입 원가는 지속적으로 하락이 예상된다.

2024년 11월에는 3호기, 2025년 상반기에는 4~5호기가 발사될 예정이다. 425 프로젝트 종료 이후 2026년부터 2030년까지 소형 정찰위성 → 초소형 정찰위성으로 이어지는 대형 프로젝트가 예정되어 있고, 향후 50~60기의 군집 위성이 운영될 전망이다. 통상적으로 발사 1~2년 전에 발주가 시작되는 점을 고려하면 2024년 상반기부터 위성 본체 발주 물량이 매년 급격히 증가함에 따라 관련 업체의 수혜가 예상된다.

⑤ 우주산업 기반 구축을 위해 삼각 클러스터 조성

국내 우주산업의 투자 규모는 점진적으로 확대되고 있으나, IT 등 첨단산업 부문에 전 세계 최고 기술력을 보유한 입장에서는 다소 아쉬운 건 사실이다. 그러나 이번에 새로운 우주개발 중장기 정책 지원을 통해 민간과 정부의 유기적인 협력이 강화됨에 따라 향후 10년 내 한국의 주력산업으로 자리잡을 가능성이 높다.

앞으로 국내 우주산업이 나아갈 방향은 명확하다. 뉴 스페이스 시대를 맞이하여 자생적인 산업기반 구축을 위한 클러스터 구축이 진행되고 있다. 첫 번째, 발사체 특화지구 조성으로 우주로 나아가기 위한 발사 및 수송 기술에 대한 역량 확보가 최우선이 될 가능성이 높다. 또한 발사 인프라 구축을 통해 발사장을 확보할 경우 민간 업체도 저비용으로 이용 가능함에 따라 우주 서비스 시장으로 활로가 펼쳐질 전망이다.

두 번째, 발사체 인프라 구축은 자연스럽게 고정밀 지상관측, 위성항법 및 위성통신 등 위성 서비스 시장의 동반 성장으로 이어질 수 있다. 현재 정부 주도의 사업개발 비중이 높아 B2G 시장 비중이 절대적으로 높다. 그러나 정책 지원에 따른 민간 업체의 적극적인 시장진입은 새로운 위성 통신서비스 제공 등 기존 산업에 다양한 변화와

국내외 주요 우주항공 전통형·혁신형 금융상품

전통형

형태	펀드명	티커	수익률	특징
패시브	iShares US 항공우주 및 방위 ETF SPDR S&P 항공우주 및 방위 ETF	ITA XAR	낮음	보잉, 록히드마틴 등 전통기업에 광범위한 투자
액티브	Direxion Daily 항공우주 및 방위산업 Bull 3X Shares	DFEN	높음	하루 등락폭의 세배 수익 변동성
공모	NH – 아문디자산운용 '글로벌항공우주펀드'	–	높음	해외 및 국내 기업에 투자
패시브	ARIRANG 우주항공&UAM iSelect	–	낮음	한화시스템, KAI, 쎄트렉아이 등에 분산투자

혁신형

형태	펀드명	티커	특징
패시브	SPDR S&P Kensho Future Security ETF SPDR S&P Kensho Final Frontiers ETF	FITE ROKT	우주, 심해탐사, 재료, 부품, 드론 관련 업종 등 다양한 회사들이 포함
액티브	ARK Space Exploration & Innovation ETF	ARKX	버진갤럭틱, 디어앤컴퍼니 등 우주항공에 혁신적인 기업에 투자

자료: Investing.com, 매일경제, KB증권

함께 새로운 부가가치를 창출 기회가 열려 있어 B2B(기업), B2C(소비자)로 비즈니스 모델이 확대될 전망이다.

민간 우주 시장의 개발 확대는 결국 위성을 활용한 제조, 발사, 통신, 모빌리티 등 위성 서비스 시장 확대로 이어질 것으로 기대된다. 이에 따라 2028년부터 100kg 초과~500kg 미만의 소형 위성은 연평균 50기 이상이 발사될 것으로 예상되며, 정부는 2030년까지 총 130여기의 공공위성 개발을 위한 사업을 추진 중에 있다.

마지막으로 국내 우주시장의 성장 속도에 따라 기술 자립도에 대한 니즈가 확대되면서 기술, 소재, 부품에 대한 표준화가 마련될 것으로 예상된다. 정부는 소재, 부품, 소자까지 우주산업 전 분야의 핵심기술에 대해 로드맵 3.0을 이미 수립했으며, 핵심기술 국산화 사업으로 2021년~2030년까지 스페이스 파이오니어 사업 및 소재부품 기술개발 사업 등을 지속적으로 추진 중이다.

이에 따라 국내 중소, 중견기업의 체계적인 역량 강화와 핵심부품, 소재 조달 관련하여 공급망 다변화가 순차적으로 이루어질 것으로 예상되며, 기업의 기술 역량과 부품의 자립도가 높아질 것으로 기대된다. 실제로 정부는 인증 체계를 구축하기 위해 관련 법적 근거를 마련하기 위한 안을 마련했고 향후에는 선도국과의 공동 인증 협력 또한 추진될 것으로 기대된다.

이 과정에서 우주산업에 대한 규제 완화와 혁신, 그리고 다양한 제도적 지원이 수반될 것으로 전망한다. 민간 스타트업 및 중소, 중견 기업의 적극적인 시장 진입과 기술특례 상장 비중이 확대될 것으로 예상된다. 이 과정에서 우주 관련 ETF, 일반 펀드 및 세컨더리 펀드 등 다수의 금융상품이 출시되며, 우주산업의 선순환 구조를 촉진하는 수익 창출 모델도 충분히 기대해 볼만하다.

02

저궤도 위성의
폭발적인 성장

저궤도 위성의 폭발적 성장

위성은 활용 고도에 따라 저궤도(LEO: Low Earth Orbit), 중궤도(MEO: Middle Earth Orbit), 정지궤도(GEO: Geostationary Earth Orbit)로 구분된다. 저궤도 위성은 위성고도 180~2,000km 사이의 가까운 거리에 위치하게 된다. 정지궤도 대비하여 전파의 손실이 적고, 안테나의 부피를 줄일 수 있다. 또한 지구 전 영역에서 통신 서비스 제공이 가능함에 따라 음영 지역을 최소한 할 수 있는 장점이 있다.

스페이스X, 원웹, 아마존, 텔레샛 등 위성 사업자들은 국가 안보와 디지털 시장 성장에 따른 초고속 인터넷 시장을 선점하기 위해 앞다

인공위성 종류

구분	저궤도 (LEO)	중궤도 (MEO)	정지궤도 (GEO)
위성고도	180-2,000km	2,000-36,000km	36,000km
통신지연율	30-50ms	100-130ms	560-700ms
주요 업무	초고속 통신, 첩보, 지구관찰	위치정보, 항법	통신, 기상, 항법
주요 사업자	스페이스X, 아마존, 원웹	SES 네트웍스	NASA

자료: 한국무역협회, KB증권

주요 위성 업체 기술 비교

구분	스페이스X	원웹	Telesat
위성 궤도	LEO	LEO	LEO
운용 높이	550	1,200	745-1,000
서비스 지역	전체	전체	전체
위성 무게 (kg)	227	150	100
주파수 대역	Ku / Ka	Ku / Ka	Ku
안테나 크기	1m wide	36cm x 16cm	65cm 이상
지연시간 (ms)	40	25	10-15

자료: 각 사, KB증권

퉈 위성을 발사하고 있다. 스페이스X는 최종적으로 총 4만 2,000대, 아마존은 3,236대, 원웹은 648대의 저궤도 위성을 배치하여 1초당

Maxar Technology 위성으로 촬영한 크림대교

Maxar Techonology 관측 위성으로 촬영한 크림대교 주변 사진 공개
크림대교 폭발사고는 러시아-우크라이나전쟁 갈등을 최고조에 이르게 한 사건 중 하나이며,
이 폭발로 러시아의 핵심 보급로가 파괴됨

자료: Maxar Technology, 서울신문, KB증권

1Gbps의 인터넷 서비스 제공을 궁극적인 목표로 한다.

저궤도 위성통신(LEO)의 활약은 이번 러시아-우크라이나 전쟁을
통해 첨단 기술의 발전 수준을 확인할 수 있었고, 미래에 새롭게 활
용될 우주 기술 또한 엿볼 수 있는 기회로 작용했다. 단편적인 예로
우크라이나 젤렌스키 대통령은 파괴된 통신시설로 인해 전장에 어려
움을 겪자 일론 머스크에게 스페이스X의 '스타링크' 지원을 요청했
고 바로 이튿날부터 서비스를 제공했다.

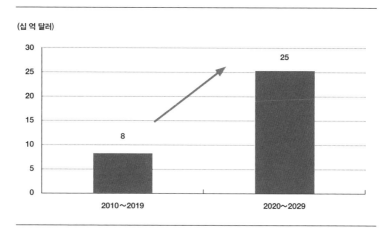

(십 억 달러)

자료: Euroconsult, Prospects for the Small Satellite Market, 한국항공우주, KB증권

또한 막사테크놀로지(Maxar Technology)사가 고해상도 위성 사진을 제공함에 따라 적군의 위치, 병력 규모 등을 장거리에서도 세부적으로 파악할 수 있게 되었고 전쟁 상황을 전 세계에 실시간으로 알릴 수 있는 계기가 되었다. 실제 우크라이나 군의 반격의 실마리는 스타링크와 막사테크놀로지 등 민간 우주 기업들의 서비스 제공이 이루어진 시점이다.

과거에 인공위성은 정부의 군 정찰위성과 통신용 등 제한적인 분야에 사용되었으나 이번 전쟁을 계기로 저궤도 위성통신 활약에 전 세계 이목이 집중되었으며, 민간 우주기업의 역할이 확대되는 "뉴 스페이스 시대"가 가속화될 전망이다.

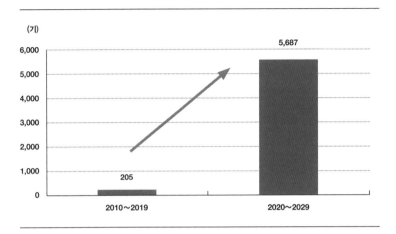

자료: Euroconsult, Prospects for the Small Satellite Market, 한국항공우주, KB증권

최근에는 저궤도 위성과 같이 하이퍼커넥트 서비스 제공이 가능한 소형위성 중심으로 패러다임이 변화되고 있는 양상이다. 유로컨설트(Euroconsult) 자료에 따르면 2019년 소형위성 시장규모는 약 8억 달러에서 2029년 약 250억 달러로 큰 폭의 성장을 예상한다. 소형위성 시장을 견인하고 있는 글로벌 메이저 플레이어는 스페이스X, 원웹 등이 있으며 후발주자로 중국, 인도 한국 등 아시아 국가의 발사가 크게 증가할 것으로 예상된다. 아시아 지역의 소형위성 발사 수는 2019년 370대에서 2029년 약 1,598대로 10년 동안 약 4배 이상 증가할 전망이다.

우주기술, 소재, 부품 인증 계 구축(안)

분야	미래 서비스
자율주행	·공중/해상으로의 자율비행(플라잉카, 드론) 서비스 ·사업자의 개입을 최소화한 완전 자동연결 서비스
원격제어	·초저지연 기술 기반 드론에 대한 초정밀 원격제어 ·원격진료, 원격근무 등 가상과 현실을 실시간 연결
Near Space 서비스	·비용절감형 저궤도 위성을 통한 항공기체 내 커버리지 확대형 초고속 광대역 서비스 (6G)
인터랙티브 미디어	·모바일+XR(AR+VR+홀로그램)을 통한 육체오감 지원 초실감 몰입형 방송미디어 서비스 ·비대면 사회기반 초현실 가상서비스(홀로그램 회의, 디지털 여가활동) 보편화
스마트공장	·고산재 위험 환경을 가상공간에 구현한 디지털 트윈을 통해 발생 가능한 시나리오를 예측
스마티시티	·블록체인을 통한 생체 암호화 및 실시간 생체정보 관리 및 진단케어 서비스

자료: 우주개발진흥계획, KB증권

저궤도 위성 수요 증가의 주 요인

그렇다면 저궤도 위성의 폭발적 성장이 예상되는 주요 요인들을 알
아보자. 앞서 기술한 바와 같이 위성은 크게 저궤도, 중궤도, 정지궤
도 3종류로 구분된다. 저궤도 위성의 명확한 장점은 단연코 낮은 궤
도에 형성되어 있기 때문에 전파의 손실이 적고, 지연시간이 낮아 지
구 전역에 실시간에 가까운 서비스 제공이 가능하다. 저궤도 위성의
소형화에 발맞춰 안테나 또한 송수신 능력은 확대됨에도 불구하고

부피는 소형화되고 있다. 이로 인해 자율주행 자동차, 자율주행 선박, 무인항공기, UAM, 드론 등에 탑재가 용이하다. 관제 시스템 및 사용자 간에 대규모 데이터를 실시간으로 빠르게 제공하여 산업 간에 초고속, 초공간 연결 서비스 구현이 가능하기 때문에 미래 모빌리티 산업에 지각 변동이 예상된다.

저궤도 위성의 높은 성장이 기대되는 이유 중 또 다른 하나는 전 세계 인터넷의 낮은 보급률 때문이다. 인터넷 월드 스탯(Internet world stats) 자료에 따르면 2021년 기준 전 세계 인터넷 사용자는 53.9억 명으로 북미와 유럽, 아시아 일부 국가는 인터넷 보급률이 평균 87%를 넘어섰다. 그러나 아직까지 전 세계적으로 음역 지역이 많고 통신 인프라 부재로 전 세계 인터넷 보급률은 67.9%에 불과하다.

기존 인터넷 사용자 중에서도 느린 속도로 접속하거나 공유 장비를 설치해야 하는 등 열악한 환경과 편리성이 떨어져 인터넷 사용이 쉽지 않은 경우가 많다. 특히 기술 선진국과 저개발 도상국 간의 디지털 양극화는 코로나19 팬데믹 이후 더욱 심화된 것으로 판단된다.

결국 미래 신성장 산업의 현실화 시점을 앞당기기 위해서는 음역 지역을 최소화할 수 있는 통신 인프라 기반이 충분히 확보되어야 한다. 저궤도 위성은 전방산업의 기술발전으로 데이터 전송 속도는 지속적으로 빨라지고 있고, 광범위한 커버리지, 보조금 지원 등에 의해

위성 무게 감소(지구관측 위성 기준)

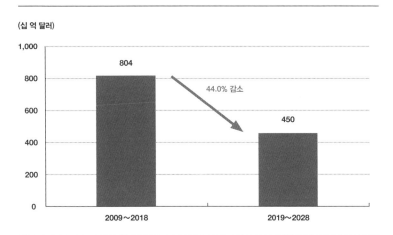

(십 억 달러)

자료: Euroconsult, KB증권

위성 평균 제조비용 감소(지구관측 위성 기준)

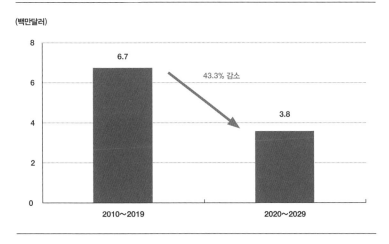

(백만달러)

자료: Earth Observation Satellite System Market, KB증권

연도별 우주 발사체 발사 횟수

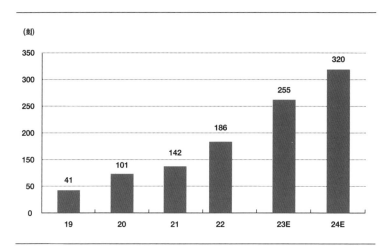

(회)

자료: 우주개발진흥시행계획, SpaceFounder, KB증권

발사체 kg당 발사 비용

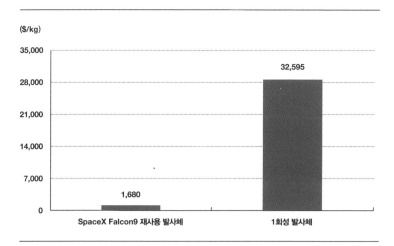

($/kg)

자료: 한국경제, KB증권

우주항공 투자의 시대가 온다

시장 침투를 빠르게 확대해 나갈 수 있는 충분한 아이템이다.

저궤도 위성은 발사체 기술의 고도화로 인해 인공위성 제작 및 발사비용이 현격하게 감소함에 따라 양적 증가(Q Growth)가 예상된다. EOSSM(Earth Observation Satellite System Market) 자료에 의하면 2020년대의 전 세계 위성 평균 제조비용은 2010년대 대비 약 43.3% 감소하며, 소재의 경량화로 인해 위성의 평균 대당 무게는 450kg으로 약 44.0% 감소할 것으로 전망한다.

소형위성의 발사 수요 증가와 더불어 차세대 발사체 기술의 진보가 전 세계 위성 발사 수를 증가시키는 주요 요인으로 작용한 것이다. 특히 러시아-우크라이나 전쟁으로 인해 러시아 소유즈(Soyuz) 발사체를 이용한 위성 발사가 전면 금지되는 등 발사체 관련 산업에 지각 변동이 발생했다. 발사체는 크게 ①소모성 우주 발사체(ELV: Expendable Launch Vehicle), ②재사용 우주 발사체(RLV: Reusable Launch Vehicle)로 구분되는데 클러스터링 기술의 발전으로 인해 전체적인 비용이 낮아지고 있는 추세이다. 과거에는 스페이스X의 팰컨9, 러시아의 소유즈 등 소수의 발사체로만 발사가 이루어지다 보니 발사 대기 기간과 높은 비용으로 인해 프로젝트 지연이 부지기수로 발생하기도 했다.

2017년에는 스페이스X가 1단을 재사용한 팰컨9 발사체를 재사용에 성공하며 전 세계 발사체 시장의 60% 이상을 차지하고 있다. 최

스마트폰 위성통신 기능 탑재 동향

구분	국가	주요 내용
애플	미국	퀄컴 칩을 통해 아이폰14 긴급 위성 문자 송신 기능 탑재 글로벌스타와 제휴 및 4억 5,000만 달러 투자
퀄컴	미국	이리듐 위성통신 서비스 이용한 '스냅드래곤 새틀라이트' 출시
화웨이	중국	베이더우 위성을 활용하여 긴급 문자 송수신 기능 탑재
삼성전자	한국	위성 ↔ 모바일 기기 간 연결하는 NTN (비지상 네트워크) 표준기술 확보 도플러 천이 보상 (Doppler Shift Compensation) 기술 개발로 주파수 오류 최소화

자료: 우주개발진흥계획, KB증권

근에는 발사 전문 스타트 업체인 로켓랩은 중형 발사체 뉴트론 개발에 박차를 가하고 있고 ULA, 블루오리진, 아리안(Ariane) 등 다수의 민간 기업도 참여 중인 것으로 파악된다. 재사용 발사체 공급 확대는 민간 위성사업자에게 다양한 발사체 옵션과 적시성을 부여할 수 있다. 또한 비용도 소모성 우주 발사체 대비 절반에 불과함에 따라 재정적 부담을 덜어낼 수 있기 때문에 우주산업 확장에서의 중요한 연결고리 중 하나다.

통신 인프라는 1980년 아날로그 음성 1G를 시작으로 모바일 인터넷 3G → 2020년 5G까지 10년 단위로 진화를 거듭하고 있다. 5G 이후의 통신 시장은 초공간, 초고속, 초연결 서비스로 패러다임의 변화가 예상된다. 시·공간의 한계를 극복하고, 초저지연 기반의 공간 통합 기술을 실현하기 위해서는 저궤도 위성통신 서비스의 활용도가 높아질 것으로 전망한다.

이는 결국 스마트폰 등 IT 시장에도 변화의 판도를 가져올 것으로 예상된다. 애플은 위성통신 서비스에서 가장 선구자적인 행보를 보이고 있다. 아이폰14 모델에 인공위성 긴급 위성통신 서비스 기능을 탑재했으며, 새로운 기술특허까지 확보한 것으로 판단된다. 애플은 긴급 위성통신 서비스 기능 확보를 위해 글로벌스타(Globalstar)를 비롯 민간 통신위성 업체에 약 4억 5,000만 달러를 투자했으며 투자금액은 더욱 확대될 전망이다. 현재 미국, 캐나다, 영국, 프랑스 등 일부 국가에서만 이용이 가능하나 향후 사용 국가는 확대될 것으로 기대된다.

이러한 변화는 미국의 스페이스X와 애플에 그치지 않고, 스마트폰 제조 강국인 한국과 중국 등으로 확산될 것으로 예상된다. 삼성전자는 5G 이동통신으로 인공위성 ↔ 모바일 기기와 연결하는 NTN(Non-Terrestrial Networks, 비지상 네트워크) 표준기술을 이미 확보했으며 향후 출시될 신규 스마트폰에 칩이 탑재될 가능성이 상당히 높다. 중국 화웨이도 베이더우 위성을 활용하여 긴급 위성통신 서비스 기능을 탑재한 만큼 스마트폰 제조업체의 위성 관련 부품업체 M&A 혹은 다각도로 투자가 확대될 것으로 전망한다.

03

한국 기업 5선

미국의 트럼프 대통령은 취임 후 우주항공 산업에서 미국의 패권을 확립하는 것을 목표로 별도의 '우주군' 창설을 지시할 만큼 우주항공 및 방산 산업에 진심이다. 정부의 지원뿐만 아니라 민간 업체의 시장 진입이 뉴 스페이스 시대를 맞아 더욱 가속화될 것으로 판단되며, 관련 업체의 수혜 또한 예상된다. 스페이스X의 스타링크는 2018년 시험위성 발사 2개를 시작으로 2024년 9월에는 약 7,000기를 넘어서며 독보적인 1위를 차지하고 있다. 또한 화성을 개척하여 인류의 이주를 목표로 스타십 우주선을 개발 및 테스트 중에 있으며 시행착오를 겪는 과정이지만 성공에 가까워지고 있다. 또한 민간 우주 발사체 기업인 로켓랩과 위성체 제조 기업인 인튜이티브머신은 우주 시장의 폭발적 성장으로 인해 신규 수주가 큰 폭으로 증가하기 시작했으며,

우주항공 투자의 시대가 온다

실적 성장과 미래 성장 가능성이 주가 상승을 견인하고 있는 것으로 판단된다.

국내 우주항공 산업은 비록 우주항공 산업을 주도하고 있는 미국, 러시아, 인도, 중국 대비 후발주자에 해당하지만, 정부의 투자는 매년 큰 폭으로 증가하고 있고, 한화에어로스페이스, 한국항공우주, LIG 넥스원 등 민간 업체의 시장 진입이 가속화되고 있다. 국내 우주항공 산업은 이제 막 개화하는 단계이지만, 기술 격차는 선도 국가들 대비하여 빠르게 좁혀지고 있고 핵심기술 확보에 따른 내재화로 가격 경쟁력까지 확보해 나가는 중이다. 실제 관련 업체의 신규 수주는 2021년을 기점으로 증가 추세에 있으며, 올해를 기점으로 2030년까지 폭발적 성장이 기대된다. 국내 우주항공 산업 관련 중소형 업체는 약 200여 개 가까이 되지만, 편의상 코스닥 상장 기업 내 4개 종목을 선별하여 우선적으로 소개하고자 한다.

* 기업에 대한 소개는 잠재적인 투자자들에게 정보를 제공하기 위한 단순 목적으로 작성되었으며, 투자 권유 사항을 포함하고 있지 않습니다. 기업에 대한 향후 전망은 현재 기준이며 시장상황과 회사의 경영방향에 따라 변동될 수 있어 유념해 주시기 바랍니다.

쎄트렉아이는 우리나라 최초의 인공위성 우리별 1호 개발에 참여한 KAIST 연구진이 199년 설립한 회사이다. 위성체계 및 영상분석 부문에 핵심기술을 보유하고 있으며, 2005년에는 국내 최초로 위성 시스템을 수출했다. 종속회사로는 위성 영상 판매 및 서비스 사업을 영위하는 SIIS와 인공지능 기반 위성/항공 영상 데이터 분석 사업을 영위하는 SIA를 보유하고 있다. 2023년 말 누적 수주액은 약 1조 2,000억 원, 2024년 말 기준 1조 7,000억 원으로 역대 최대 수주를 기록 중인 것으로 판단된다. 쎄트렉아이는 30개 이상의 국내/외 우주 사업에 참여하여 위성시스템뿐만 아니라 다수의 전자광학탑재체 수출 및 국내 방산 시장으로 영역을 확대 중에 있다.

2021년 코로나19 영향에 따른 해외 수주 감소로 인해 매출액은 734억 원으로 전년대비 일시적으로 매출이 역성장을 기록했다. 그러나 코로나 해제 이후 국내 우주 시장의 투자 증가와 방산 부문의 성장에 따른 수주 증가로 인해 2022년 이후 매년 매출 성장을 기록 중이며, 5,000억 원 이상의 수주잔고를 보유하고 있기 때문에 2025년에도 매출 성장은 유효할 전망이다.

한화에어로스페이스는 쎄트렉아이에 대한 전환청구권을 행사하여 쎄트렉아이 보유 지분이 약 36.4%까지 확대됐다. 쎄트렉아이는 한화

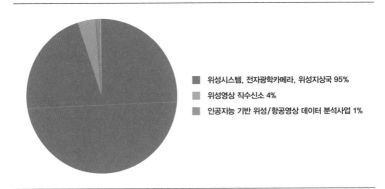

위성시스템, 전자광학카메라, 위성지상국 95%
위성영상 직수신소 4%
인공지능 기반 위성/항공영상 데이터 분석사업 1%

자료: 쎄트렉아이, Dart

시스템과 컨소시엄을 구성하여 다수의 프로젝트에 참여 중이며, 차별화된 기술 경쟁력을 발판으로 국내 시장 외 해외 민간 위성 운영자, 유럽, 중동, 남미의 군/정보기관 등으로 고객사를 확대해 나갈 계획이다.

우주항공 산업의 특성상 위성을 개발 및 제조하는데 약 2~3년이 소요되며, 수주 산업의 특징을 나타내고 있어 통상적으로 매출도 프로젝트 진행률에 따라 진행된다. 쎄트렉아이는 위성 판매 외에도 자체 위성 발사 프로젝트를 진행 중이다. 자체 개발 중인 모델명은 SpaceEye-T 모델로 대당 가격은 약 800~1,000억 원으로 추정되며, 30cm의 초정밀 카메라가 탑재될 것으로 기대된다.

전 세계적으로 뉴 스페이스 시대가 가속화되고 있고, 우주산업 내에서 비록 우리나라는 후발주자에 해당되지만 국내 우주시장 또한

연도별 매출액 및 영업이익 추이

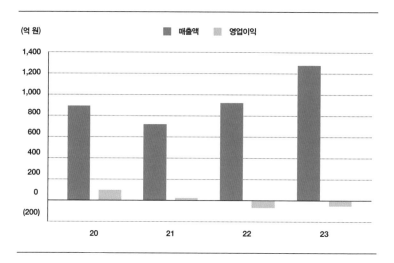

자료: 쎄트렉아이, Dart

민간 업체의 진입이 확대되고 있고, 정부의 우주항공 부문 예산은 2025년 큰 폭으로 증가함에 따라 성장 속도는 더욱 가파르게 증가할 것으로 예상된다.

2. 이노스페이스

이노스페이스는 발사체 전문 제조기업으로 2017년 9월 19일 설립됐다. 사업부문은 크게 로켓 추진기관 및 로켓 제반 기술관련 용역으로 구성되어 있다. 우주산업은 크게 위성제조 - 위성발사 - 위성운

우주항공 투자의 시대가 온다

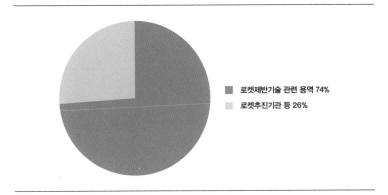

로켓제반기술 관련 용역 74%
로켓추진기관 등 26%

자료: 이노스페이스, Dart

용 – 위성 서비스로 구성되어 있는데, 발사체와 위성의 제조 및 발사
는 업스트림(Upstream) 영역에 해당한다. 이노스페이스는 우주산업의
업스트림 영역에서 발사체 제작 및 발사서비스 제공이 주요 비즈니
스 영역이다.

종속회사는 이노스페이스 브라질, 유럽, UAE가 있으며, 해외 위성
사업자를 대상으로 위성발사 서비스 제공을 위해 설립했다. 2023년
3월 브라질 알칸타라 우주 센터에서 국내 민간기업 최초로 독자 개
발한 시험발사체 한빛 TLV 발사에 성공했다. 한빛 TLV 외 한빛 나
노, 한빛 마이크로, 한빛 미니 등 다수의 하이브리드 로켓 라인업을
보유하고 있다. 또한 스페이스X와 로켓랩 등 전 세계적으로 소수의
기업만이 가능한 재사용 발사체 개발을 진행 중이며, 일정에 차질이

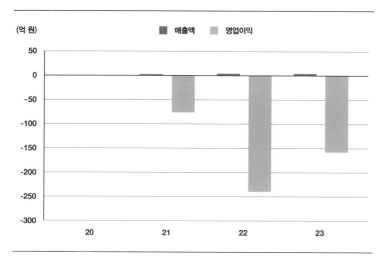

(억 원)

■ 매출액　　■ 영업이익

자료: 이노스페이스, Dart

없다면 2025년 개발 마무리 후 2026년 상용화가 예상된다.

　이노스페이스는 높은 안전성과 고성능, 고효율 하이브리드 로켓을 개발하여 기존 고체/액체 연료 대비 성능적으로 비교우위를 달성했다. 액체 로켓과 대등한 수진의 추진기관 성능을 갖추게 됐으며, 발사 서비스 과정에서 낮은 폭발 위험성으로 안전성까지 확보할 수 있게 되었다. 하이브리드 로켓은 개발 및 생산 전 과정에서 저렴한 비방폭 설비 활용이 가능함에 따라 연료 제작 설비 구축비용도 약 40% 가까이 절감할 수 있고 제조 부품 수 또한 30% 이상 감소시킬 수 있다.

기존 연료 대비 성능비교

연료/성능	추력조절	연소 배기가스	재점화	폭발 위험	재사용 가능성
고체	불가	독성	어려움	높음	불가
액체	가능	무독성	가능	존재	가능
하이브리드	가능	무독성	가능	없음	가능

자료: 이노스페이스

전 세계적으로 발사체 관련 주요 경쟁사는 로켓랩, CASC, Virgin Orbit, Gilmour Space Technologies 등 7개 업체를 손꼽는데 각 회사의 엔진 종류에 따라 크게 액체, 고체, 하이브리드 연료가 사용되고 있다. 업계 자료에 따르면 주요 업체의 발사가격은 약 24,000~50,000(USD/kg)에 형성되어 있으며, 이노스페이의 평균 발사가격 약 28,000(USD/kg)로 추정된다. 하이브리드 발사체 기술의 내재화는 발사체 비용 절감과 동시에 경쟁사 대비 우수한 가격 경쟁력 확보에 도움이 될 것으로 판단되며, 향후 전 세계 발사체 시장 점유율 확대에 이점으로 작용할 전망이다.

3. 컨텍

컨텍은 우주 지상국 설계/구축과 위성 데이터 수신, 분석, 활용이 가

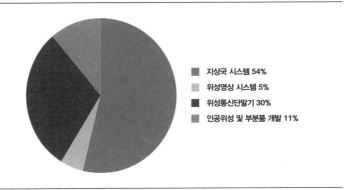

지상국 시스템 54%
위성영상 시스템 5%
위성통신단말기 30%
인공위성 및 부분품 개발 11%

자료: 컨텍, Dart

능한 우주 토탈 솔루션 제공 기업이다. 또한 국내에서 유일하게 상용 민간 우주 지상국을 보유하고 있고, 안정적인 지상국 서비스(GSaaS: Ground Station as a Service)와 차별화된 영상분석 솔루션을 제공한다. 컨텍은 CSO, CES, CONTEC Space, AP위성 등 총 4개의 자회사를 보유하고 있다.

사업부문은 지상국 시스템 엔지니어링 솔루션, GSaaS 네트워크 솔루션으로 구성되어 있으며, 주요 매출 유형은 지상국 시스템 엔지니어링과 위성통신단말기이다. 컨텍은 저궤도/정지궤도 위성의 발사체 교신 임무를 위한 지상국 시스템을 Turn Key 방식으로 공급하며, 통합 운용 방식의 자체 S/W를 기반으로 다양한 제조사 장비와 호환이 가능하다. 특히 장비 변경에 따른 소모적인 S/W 업데이트를 할 필요

연도별 매출액 및 영업이익 추이

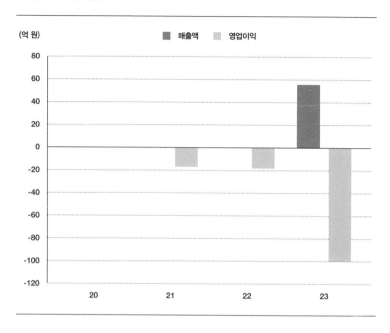

자료: 컨텍, Dart

가 없어 지상국 개발과 운용 및 유지보수 비용 절감에 차별화된 강점
을 보유하고 있다.

 최근에 공공위성뿐만 아니라 스페이스X, 원웹 등 민간 위성 발사
가 큰 폭으로 증가함에 따라 향후 10년 내 약 10,000기 이상의 위성
이 발사될 것으로 전망한다. 이에 따라 지상국 네트워크 수요도 꾸준
히 증가할 것을 예상된다. 컨텍은 현재 총 10여개 지상국 네트워크
솔루션을 구축했고, 스페인/포르투갈, 멕시코, 칠레 등 등 5개 국가에

컨텍 글로벌 지상국 네트워크 설치 완료 및 예정 국가

자료: 컨텍

추가로 구축을 계획 중이다. 총 12개국에 15개 지상국을 확보를 목표로 단계적으로 프로젝트가 진행될 예정이며, 진행 속도에 따라 향후 GSaaS 네트워크 솔루션 사업부의 실적은 크게 증가할 가능성이 높다.

또한 인공위성 성능이 고도화됨에 따라 트래픽은 증가할 수밖에 없다. 컨텍은 이에 대응하기 위해 레이저 기반의 차세대 지상국 네트워크 솔루션을 개발 중이다. 기존 무선통신 방식 대비 속도, 밴드 폭, 보안성에 있어 앞선 스펙을 갖추고 있어 향후에는 레이저 방식 채택 비중이 중장기적으로 확대될 가능성이 높다.

우주항공 투자의 시대가 온다

특히 컨텍은 위성영상 솔루션의 부가가치를 극대화하기 위해 AI기반 자체 분석 알고리즘을 활용하여 ①공간 객체 탐지, ②공간 영상 분할, ③변화탐지, ④지반 침하 탐지/선박 탐지 등의 업무를 수행할 수 있다. H/W 공급에 그치지 않고 자체 S/W 기술을 기반으로 스마트시티, 해양, 국방 등 다양한 산업영역에 모니터링 서비스 적용 확대 여부도 관전 포인트이다.

4. 켄코아에어로스페이스

켄코아에어로스페이스는 여객기-화물기 개조사업 및 군용기 개조 창정비를 포함하는 항공 MRO, 항공기 구조물 생산 및 항공기 부품의 가공, 우주 및 항공기에 사용되는 특수 원소재 공급, 우주발사체 및 위성 관련 파트의 생산, UAM/PAV의 개발을 주된 사업으로 영위한다. 회사는 2013년 설립되었으며 전체 직원수는 약 450명이며 글로벌 7개국에 지사를 두고 있다.

전체 매출 중 가장 높은 비중을 차지하는 사업부는 MRO(군용기, PTF Conversion)이며 그 뒤를 이어 미국 민수 및 방산 항공기, 우주발사체, 우주항공 소재이다.

한국 사천시에 제1공장, 제2공장 및 항공우주물류센터를 보유하

부문별 매출비중

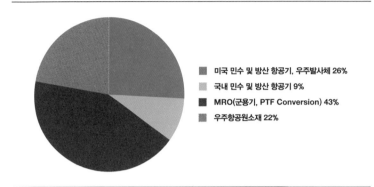

- 미국 민수 및 방산 항공기, 우주발사체 26%
- 국내 민수 및 방산 항공기 9%
- MRO(군용기, PTF Conversion) 43%
- 우주항공원소재 22%

자료: 켄코아에어로스페이스, Dart

고 있고, 미국 캘리포니아와 조지아주에 각각 캘리포니아메탈앤서플라이(California Metal&Supply Inc), 켄코아에어로스페이스(Kencoa Aerospace LLC) 사업장이 있다. 캘리포니아메탈앤서플라이는 우주항공소재를, 켄코아에어로스페이스는 항공기 및 발사체 부품 공급을 담당한다.

켄코아에어로스페이스는 보잉, 록히드마틴, NASA, 스페이스X, 블루오리진, 미 국방부 등 다수의 글로벌 우주항공 기업과 파트너를 맺고 있으며, 우주항공 관련 소재 및 부품을 공급하며 성장성을 확보해 나가는 중이다. 최근에는 미래 핵심 산업인 첨단 항공 모빌리티(AAM)까지 사업영역을 확대하고 있다.

최근 미국의 트럼프 대통령 취임 후, 우주항공 산업의 발전을 위해

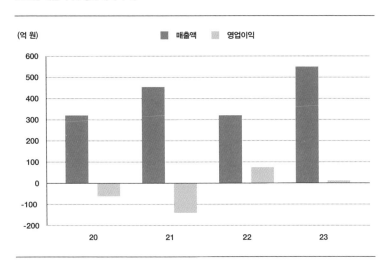

(억 원)   ■ 매출액   ▨ 영업이익

자료: 켄코아에어로스페이스, Dart

민간 업체의 시장 진입 및 투자 확대를 시사했으며, 단순 정치 공략이 아닌 실제 추진 가능성을 높게 보고 있다. 과거 미국 – 소련 간 패권전쟁 이후 새로운 청사진이 제시될 것으로 예상되는 바 화성 탐사를 비롯하여 고도화된 우주선 개발이 이루어질 전망이다.

이에 따라 미국 현지에 생산 기지를 보유하고 있고, 글로벌 우주항공 기업과 파트너를 맺어 우주항공 핵심 부품 및 소재 공급이 가능한 켄코아에어로스페이스가 다시금 시장에서 주목받는 가장 큰 이유 중에 하나로 판단된다. 우주항공 산업은 국가전략 산업이며, 고도의 기술력이 필요하기 때문에 확실한 레퍼런스를 보유한 기업이 아니면 시장 진입 자체가 어렵다. 이를 고려하면 전방 고객사의 향후 수주 확대에 따른 낙수효과도 충분히 기대해 볼만하다고 판단된다.

또한 켄코아에어로스페이스의 신성장 동력 중 하나로 미래항공모빌리티(AAM) 사업에 주목할 필요가 있다. AAM은 도심항공모빌리티(UAM)의 확장된 개념으로 항공기술과 전동화 기술이 뒷받침되어야 가능하다. 2019년에 본격 사업에 착수했으며, 2022년에는 대우건설과 사업 활성화를 위해 업무협약을 체결했으며, 제주도와 제주국제자유도시개발센터(JDC)에 데모 제품을 생산하여 실증 연구도 진행을 했다. 항공 서비스가 부족하거나 항공 서비스를 받지 못하는 장소 사이에 화물이나 사람의 이동이 가능한 미래 항공 모빌리티 시장은 아직 개발 단계에 있으나 기술 고도화에 따른 상용화 시점이 빠르게 다가올 것으로 예상된다.

5. 인텔리안테크

인텔리안테크는 위성통신 안테나 전문 제조기업으로 2004년 설립했다. 사업부문 및 주요 제품은 해상용 안테나, 지상용 안테나, 기타로 구성되어 있으며, 해상용 안테나가 전체 매출의 50% 이상을 차지한다. 전 세계 8곳에 판매 오피스와 3곳에 연구소가 있으며, 글로벌 물류 벨트를 구축하여 신속한 기술지원이 가능한 네트워크를 구축하고 있다.

부문별 매출비중

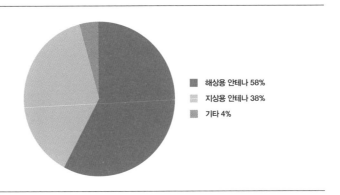

- 해상용 안테나 58%
- 지상용 안테나 38%
- 기타 4%

자료: 인텔리안테크, Dart

위성통신 서비스는 기존 데이터 통신 시스템과 달리 통신용 인공위성과 위성통신 안테나의 RF(Radio Frequency) 신호를 송수신하는 방식이며, 음역 지역 없이 어떠한 장소에서도 음성 및 데이터 통신이 가능하게 한다. 위성통신은 육상에서 사용되는 무선통신 대비 서비스 지역이 넓고 지형지물에 상관없이 고른 통신이 가능한 장점이 있다. 최근 저궤도 위성 발사 증가가 더불어 위성통신에 대한 서비스 수요가 증가하고 있어 위성통신 안테나의 중요성은 더욱 확대되고 있는 추세이다.

인텔리안테크는 해상용 위성통신 VSAT(Very Small Aperture Terminal) 안테나 시장에서 전 세계 1위를 차지하고 있으며 마링크(Marlink), 인마샛(Inmarsat), 원웹(OneWeb), 텔레샛(Telesat), SES 등 전 세계 유수의 위

연도별 매출액 및 영업이익 추이

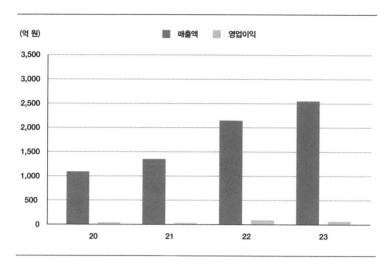

자료: 인텔리안테크, Dart

성 사업자를 고객사로 두고 있다. 최근에는 해상용 위성통신 안테나 외 지상용 게이트웨이를 컴퍼니에이(Company A)사로부터 수주를 받아 개발 및 공급 중이며, 2023년 11월에는 상용 저궤도위성 기반 통신 체계사업 사업수행 기관으로 선정되어 방산시장으로의 비즈니스 포트폴리오 확장이 예상된다.

인텔리안테크는 안테나 기술의 강점을 살려 저궤도 위성용 안테나 사업에 진출하여 가시적인 성과가 나타나고 있다. 원웹(OneWeb)의 접시형 안테나(Parabolic)와 전자식 평판 안테나(Phased Array) 공급 업체로 선정되어 개발 및 공급 중이다. 원웹은 2025년 하반기 글로벌 론칭을 앞두고 있어 안테나에 추가 수요도 충분히 기대해 볼 만하다. 원웹 외에도 중궤도 위성을 활용하는 SES와 캐나다 위성통신사 텔레샛(Telesat), 저궤도 위성통신사 이리디움(Iridium) 등과도 안테나 계약 개발을 체결하여 개발을 진행 중이며 일부 제품은 공급 진행 중이다.

특히 북미의 컴퍼니에이(Company A)사와 지상용 게이트웨이 안테나 관련 개발업체로 선정되어 파일럿 제품 테스트 승인 완료 후 양산물량이 공급 중이며, 위성사업자의 위성 발사 증가에 따른 지상용 게이트웨이 안테나의 수요 또한 동반하여 증가할 전망이다. 이에 따라 위성통신 안테나 시장 내에서 탄탄한 입지를 구축한 인텔리안테크의 수혜가 기대된다.

4장

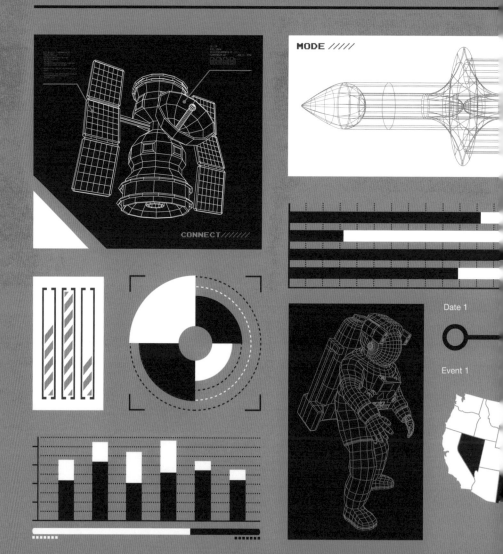

우주산업의 미래

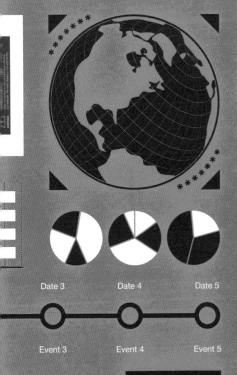

Date 3   Date 4   Date 5

Event 3   Event 4   Event 5

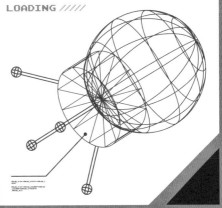

LOADING /////

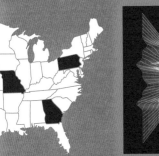

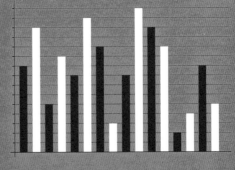

일론 머스크의 청사진: 스페이스X가 이끌어 갈 우주산업

01

스페이스X의 3단계 우주산업 청사진

우주산업의 현재와 미래, 즉 뉴 스페이스 시대는 일론 머스크와 스페이스X를 이해하는 것에서부터 시작한다. 스페이스X가 지금의 우주산업 구조를 개척했고, 현재 우주산업을 과점하고 있는 기업이기에, 스페이스X가 선택하는 비즈니스 모델이 곧 우주산업의 미래가 되어 가고 있기 때문이다.

스페이스X는 크게 4개의 사업부로 분류할 수 있다. 우주산업의 출발점에 해당하는 '발사 및 발사서비스', 지금 스페이스X의 가장 큰 수익원인 '스타링크(통신서비스)', 일론 머스크가 언급하는 화성으로의 이

주를 위한 것이자 미국 정부의 정책적인 관점에서도 주요한 역할을 할 '우주탐사(달 탐사 + 화성 탐사)', 그리고 아직은 수익화 단계가 아니지만 우주를 생각했을 때 누구나 한 번쯤 꿈꿔봤을 '우주여행' 분야 등이다.

스페이스X의 비즈니스 모델을 시간순으로 분류하면 2010년대에는 발사 및 발사서비스 분야가 가장 중요했고, 2020년대부터는 스타링크(통신서비스)가 가장 중요하다. 우주탐사 및 우주여행은 장기적인 관점에서 알아 둬야 할 우주산업 비즈니스 모델이긴 하지만, 당장은 기업 이익 관점에서의 중요성이 크진 않다.

우주산업의 미래를 가늠해보기 위해서는 반드시 스페이스X를 이해해야 하는데, 스페이스X가 산업의 선두에서 산업의 영역을 재정의하는 기업이기 때문이다. 올드 스페이스 시대의 우주산업은 사실 '발사 및 우주탐사'로 제한됐었는데, 스페이스X의 등장과 함께 그 영역이 '위성통신 사업' 및 '우주여행'으로 확장되고 있다. 또한, 위성통신 사업 내에서도 적용 분야를 확장해가고 있는데, 그 핵심이 될 기술(서비스)가 바로 다이렉트투셀(Direct to Cell)이다. 다이렉트투셀 서비스는 향후 기술 혁신에서 핵심적인 인프라 역할을 할 것이기 때문에, 우주산업의 핵심 비즈니스로 성장할 가능성이 높다.

이번 장에서는 스페이스X의 과거와 현재, 그리고 미래 방향성을 3

스페이스X 기업 구성

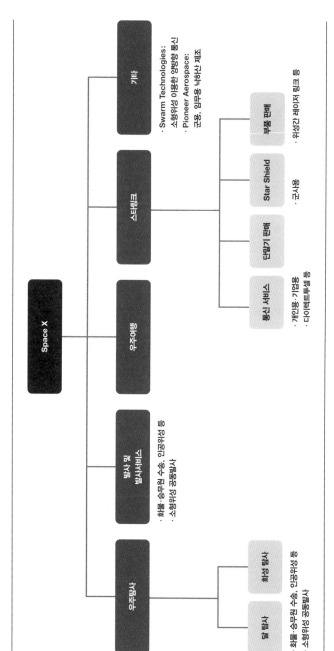

Space X

우주탐사
· 화물·승무원 수송, 인공위성 등
· 소형위성 공동발사

달 탐사

화성 탐사
· 화물·승무원 수송, 인공위성 등
· 소형위성 공동발사

발사 및 발사서비스
· 화물·승무원 수송, 인공위성 등
· 소형위성 공동발사

우주여행

스타링크

통신 서비스
· 개인용·기업용
· 다이렉트투셀 등

단말기 판매

Star Shield
· 군사용

부품 판매
· 위성간 레이저 링크 등

기타
· Swarm Technologies:
  소형위성 이용한 양방향 통신
· Pioneer Aerospace:
  군용, 임무용 낙하산 제조

자료: 스페이스X

스페이스X 기업 구성

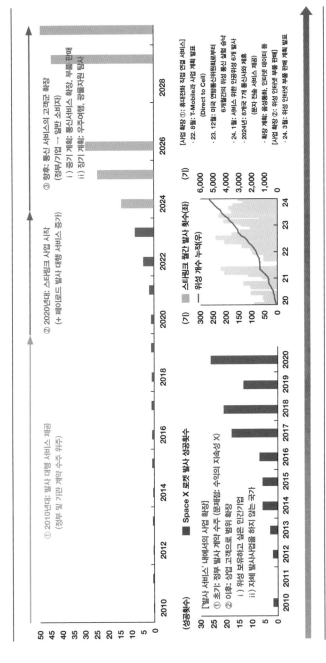

① 2010년대: 발사 대행 서비스 제공
(정부 및 기관 계약 수주 위주)

② 2020년대: 스타링크 사업 시작
(+ 페이로드 발사 대행 서비스 증가)

③ 향후: 통신 서비스의 고객군 확장
i) 증가 계획: 통신서비스 확장, 부품 판매
ii) 장기 계획: 우주여행, 경물자원 탐사

[서비스 확장 ①: 휴대전화 직접 연결 서비스]
· 22. 8월: T-Mobile과 사업 계획 발표
  (Direct to Cell)
· 23. 12월: 미국 연방통신위원회로부터
  6개월간의 위성 통신 실험 승인
· 24. 1월: 서비스 위한 인공위성 6개 발사
· 2024년: 8개국 7개 통신사와 제휴
  (문자 전송 서비스 제공)
· 확장 계획: 음성통화, 인터넷 데이터 등
[서비스 확장 ②: 위성 인터넷 부품 판매]
· 24. 3월: 위성 인터넷 부품 판매 계획 발표

[발사 서비스' 내에서의 사업 확장]
① 초기: 정부 발사 계약 수주 (문제점: 수익의 지속성 X)
② 이후: 상업 고객으로 범위 확장
i) 위성 보유하고 싶은 민간기업
ii) 자체 발사사업을 하지 않는 국가

■ Space X 로켓 발사 성공횟수

(성공횟수)

(기)   ─ 스타링크 월간 발사 횟수(좌)   ─ 위성 개수 누적(우)   (기)

우주항공 투자의 시대가 온다

자료: 스페이스X

단계로 나눠서 정리함으로써, 우주산업에 대한 구조와 미래를 이해하고자 한다. 3단계는 다음과 같다.

- [1단계 – 2010년대] 로켓 발사서비스 (운송 혁명)
- [2단계 – 2020년대] 통신사업 (연결성 혁명)
- [3단계 – 미래] 우주 관광 + 우주 광물 (운송/연결성 혁명 및 자원 혁명)

[1단계 – 2010년대]
로켓 발사서비스 (운송 혁명)

스페이스X는 2002년 설립됐다. 그리고 이후 수년간 스페이스X는 세 번의 로켓 발사 시도와 실패를 경험했고, 2008년 9월 28일에 네 번째 시도만에 드디어 로켓 발사에 성공한다. 뉴 스페이스 시대의 시작을 알리는 순간이자 스페이스X의 첫 번째 사업이 시작된다는 의미였다.

스페이스X의 로켓 발사서비스는 초기에는 정부 대상 서비스였고, 이후에는 민간 기업 대상 서비스로 확장됐다. 미국 정부는 스페이스X가 로켓 발사에 성공하기 전부터 계약을 맡겼는데, 2003년 국방부와 체결한 소형 실험 위성 택샛(TacSat)을 궤도에 올리는 계약과 2006년 NASA와 체결한 상업 궤도 운송서비스 계약, 2007~2008년 NASA의 초소형 인공위성 큐브샛(CubeSat) 발사 계약 등이 대표적인

스페이스X 역사

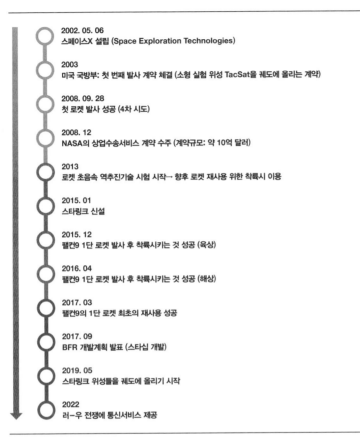

2002. 05. 06
스페이스X 설립 (Space Exploration Technologies)

2003
미국 국방부: 첫 번째 발사 계약 체결 (소형 실험 위성 TacSat을 궤도에 올리는 계약)

2008. 09. 28
첫 로켓 발사 성공 (4차 시도)

2008. 12
NASA의 상업수송서비스 계약 수주 (계약규모: 약 10억 달러)

2013
로켓 초음속 역추진기술 시험 시작→ 향후 로켓 재사용 위한 착륙시 이용

2015. 01
스타링크 신설

2015. 12
팰컨9 1단 로켓 발사 후 착륙시키는 것 성공 (육상)

2016. 04
팰컨9 1단 로켓 발사 후 착륙시키는 것 성공 (해상)

2017. 03
팰컨9의 1단 로켓 최초의 재사용 성공

2017. 09
BFR 개발계획 발표 (스타십 개발)

2019. 05
스타링크 위성들을 궤도에 올리기 시작

2022
러-우 전쟁에 통신서비스 제공

자료: Bloomberg

예다. 그리고 로켓 발사에 성공한 직후인 2008년 12월에 NASA와
상업수송서비스(우주정거장에 물품을 운송하는 서비스)를 계약하는데, 그 계
약 규모가 약 10억 달러였다. 한편, 1장에서 'DARPA 이야기'를 다뤘
는데, 스페이스X도 2003년에 DARPA의 우주항공 산업 활성화 프로

우주항공 투자의 시대가 온다

그램에 참여해 소형 로켓 개발에 대한 지원을 받은 바 있다. 이러한 계약들은 모두 민간 기업의 우주 역량을 강화하기 위한 미국 정부의 지원이었던 셈이며, 그 덕분에 지금의 스페이스X가 있다고 볼 수 있다.

게다가 2009년 7월에는 말레이시아 정부와 상업 탑재물을 발사하는 계약을 체결하면서 고객이 해외 정부로도 확장됐다. B2G 서비스가 미국 정부기관에서 해외 정부기관으로 확장된 것이다.

그리고 2010년대 중반부터는 로켓 발사서비스에 또 한번 혁신을 일으켰다. 바로 '로켓 재사용'에 성공했기 때문이다. 2013년에는 '로켓 초음속 역추진기술' 시험(향후 로켓 재사용을 위한 착륙시에 이용되는 기술), 2015년에는 팰컨9 1단 로켓의 육상 착륙 성공, 2016년에는 해상 착륙 성공, 그리고 2017년 3월에 드디어 우주산업 최초로 로켓 재사용에 성공하게 된다. 로켓 재사용은 올드 스페이스 시대와 뉴 스페이스 시대의 차이를 결정하는 가장 중요한 기술이라고도 볼 수 있는데, 그 덕분에 비용 효율화가 가능해졌기 때문이다. 그리고 비용 효율화는 이후 다운스트림 단계의 발전(위성통신 활용 및 서비스)에 중대한 영향을 미치게 된다.

과거의 우주항공 산업은 발사 서비스가 대부분이었다. 달 탐사, 국제우주정거장으로의 수송 등이 발사 서비스의 주요 목적이었고, 주로 NASA와 같은 정부 기관의 프로젝트를 수주하는 방식이었다. 따라서 사업화 및 수익화의 영역보다는 국가 정책적인 임무 수행의 영역에 더 가까웠으며, 말 그대로 우주산업에 국한돼 있던 시기다. 과거의 우주산업은 B2G였기 때문에 산업 전체의 성장 속도에도 한계가 있었고, 이는 초기 스페이스X의 매출에서도 확인된다. 발사 서비스에만 집중했던 2010년대에도 빠른 속도로 성장하긴 했지만, 위성통신 사업을 본격화했던 2020년대에는 2010년대에 비해 매출액 성장률이 2배 이상 높아졌다.

[2단계 - 2020년대]
통신사업 (연결성 혁명)

대다수의 산업이 확장하는 데에 가장 중요한 것은 '대중화'에 있다. 기존의 사업 형태가 B2G(기업과 정부 간 거래) 또는는 B2B(기업 간 거래)였다면, 어느 순간 그 산업은 성장의 한계에 직면하게 된다. 특히 B2G 사업 형태였다면 더더욱 그러한데, 이는 2010년대의 우주산업에 해당한다. 그런데 만약 사업 형태가 B2C(기업과 소비자간 거래)로 확장된다면, 다시 한번 폭발적인 성장을 기대해 볼 수 있을 것이다. 2020년대에 맞이할 우주산업의 미래에 해당하며, 그 중심에 있을 기술이 스페이스X의 통신사업이자 '다이렉트투셀(Direct to Cell)'이다.

다이렉트투셀은 '스마트폰으로 전 세계 어디에서나 직접 위성통신을 이용할 수 있는 서비스'를 의미하는데, 직접 위성통신을 이용한다는 뜻에서 '다이렉트(Direct)', 스마트폰을 이용한다는 뜻에서 '셀(Cell Phone)'이라고 본다면 이해하기 쉬울 것이다.

2022년 8월, 스페이스X는 T-Mobile과 사업 계획을 발표했는데, 다이렉트투셀 서비스를 시작하겠다는 것이었다. 2023년 12월에는 미국 연방통신위원회로부터 6개월 간의 위성 통신 실험을 승인받았고, 2024년 1월에는 다이렉트투셀 서비스를 위한 인공위성 6개를 발사했다. 그리고 2024년에 8개국의 7개 통신사들과 제휴를 맺었다. 서비스의 내용으로는 일단 문자 전송 서비스에서부터 시작해 향후에는 음성통화와 인터넷 데이터 등으로 확장할 계획이고, 항공기와 선박 등 기존의 통신 서비스가 제공되기 어려운 지역 등을 1차적인 서비스 대상으로 시작해 점차 그 대상을 확대할 계획이다.

앞으로 10~20년, 우주산업의 폭발적인 성장을 기대하는 가장 큰 이유가 바로 이 다이렉트투셀에 있는데, 그 이유는 2가지다.

첫째, 우주산업의 통신산업 침투가 본격화될 것이기 때문이다. 지금 당장은 문자 전송 서비스에 국한되고, 기존 통신서비스에 비해 가격 부담도 크기 때문에 사용처가 많지 않을 것이다(선박, 항공 등 통신이 제한된 지역에 서비스 제공). 하지만 다이렉트투셀 서비스를 위해 발사되는 위성이 증가할수록, 가격 부담은 완화될 것이고 서비스의 영역도 확장될 것이다. 향후에는 기존 통신사들과의 경쟁이 본격화할 수밖에 없을 것이며, 가능한 서비스와 서비스가 가능한 지역의 범위 측면에서 이 서비스의 경쟁우위가 더욱 확대될 것이라 예상한다.

이러한 전망 때문일까? 미국 주요 통신사들(AT&T, Verizon)이 2024년에 2가지 특이한 행보를 보였다.

첫 번째 행보는 AT&T인데, 2023년 5월 미국연방통신위원회(FCC)에 서면을 제출해 "두 회사(스페이스X와 T-Mobile)의 위성 통신 서비스가 지상에서 이뤄지는 무선 통신 서비스를 기술적으로 방해할 수 있다"고 주장했다. 새로운 기술에 대해 규제를 적용함으로써 견제하려는 방식으로 이해할 수 있겠다. 하지만 2024년 11월 28일, 미국연방통신위원회(FCC)는 스타링크의 다이렉트투셀 서비스에 대해 조건부 승인 결정을 내렸다. 면허의 핵심 내용은 '스타링크 위성이 협력사인 T-Mobile의 휴대폰 주파수를 이용해 미국 내 통신 사각지대에서 다이렉트투셀 서비스를 제공하는 것인데, AT&T의 요청을 받아들여서인지 '다른 통신사의 주파수에 영향을 줘서는 안 된다'는 조건도 제시했다. 하지만 2025년 1월 도널드 트럼프가 대통령에 취임하면서, 트럼프를 가장 적극적으로 후원했던 일론 머스크(스페이스X - 스타링크)에 대한 규제는 점차 완화될 가능성을 고려해 볼 수 있을 것이다.

두 번째 행보는 AT&T의 첫 번째 행보를 고려했을 때 스스로 모순

AST SpaceMobile: 2024년 5월부터 8월까지 3개월간 17배 급등

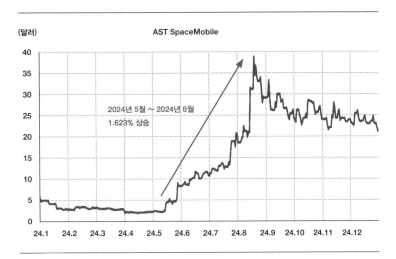

(달러)

AST SpaceMobile

2024년 5월 ~ 2024년 8월
1,623% 상승

자료: Bloomberg

되는 것인데, AT&T도 사실 다이렉트투셀 서비스에 투자하고 있기 때문이다. 즉, 스페이스X를 규제할 수 없다면, 그 방향성에 동참함으로써 새로운 시장의 형성 과정에서 뒤쳐지지 않겠다는 전략이다. 투자대상 기업은 AST 스페이스모바일이다.

3장의 해외기업 8선 중 하나로 살펴본 AST 스페이스모바일은 우주산업의 미래 방향성을 이해하는 데에 있어 매우 중요한 기업이다. 그 이유는 AST 스페이스모바일이 다수의 통신사 및 빅테크 기업들로부터 투자를 받고 파트너십을 맺고 있기 때문에 다이렉트투셀 서비스 시대에 스타링크와 경쟁할 수 있는 기업이 될 가능성이 있기 때

2024년 11월 5일 이후의 주가 비교: AST SpaceMobile vs. 다른 우주 기업들

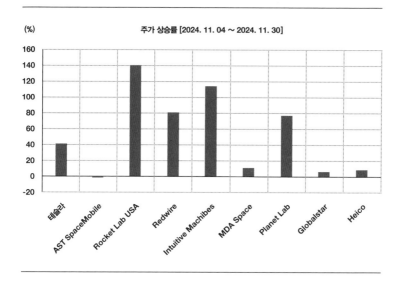

자료: Bloomberg

문이다. 아직은 스페이스X에 비해 자본, 이익, 시가총액 등 모든 면에서 비교하기 어려운 기업이지만, 스페이스X의 독과점화 가능성에 대비하기 위한 통신사들의 유일한 대응책이다.

2024년 5월에는 AST 스페이스모바일에 중대한 도약이 있었는데, 버라이즌(Verizon)과 위성 인터넷 계약을 맺은 것이다. 버라이즌은 이미 2024년 1월에 AST 스페이스모바일에 1억 달러 규모의 투자를 한바 있는데, 2024년 5월의 계약을 통해 파트너십을 본격화한 것으로 이해할 수 있겠다. 그리고 8월 말에는 '위성 메이징 서비스'를 출시

우주항공 투자의 시대가 온다

하겠다고 발표했는데, 이 서비스 역시 다이렉트투셀에 해당한다. 스마트폰을 통해 위성을 이용한 긴급 메시지와 위치 공유가 가능하며, 2025년부터는 문자 전송 서비스도 제공할 예정이다.

기존 AT&T와 버라이즌 등 주요 통신사들의 투자에 이어, 2024년 5월 버라이즌과의 계약 소식은 AST 스페이스모바일 주가에 2가지 상반된 영향을 미쳤다.

먼저 2024년 5월 계약 소식이 전해진 직후부터는 약 3개월만에 주가가 17배 급등하는 모습을 보였는데, 장기적으로 우주산업의 성장 방향에 대한 투자자들의 관심이 어떠한가를 이해할 수 있는 흐름이었다.

그리고 2024년 11월 5일 미국 대선에서 도널드 트럼프 공화당 후보의 당선이 확정되면서 일론 머스크의 TESLA와 우주 기업들의 주가가 +10% 내외 급등했고, 또 11월 한 달 간 큰 폭으로 상승한 것과 달리 AST 스페이스모바일의 주가는 부진한 흐름을 보였다. 대선 결과가 확정된 당일에는 -6.7% 하락했고, 대선 결과가 확정된 날로부터 11월 말까지는 -0.5% 하락했다. 미국 대선 직전에 이미 너무 큰 폭으로 상승했던 탓도 있겠지만(2024년 5~8월 3개월 간 17배 급등), 일론 머스크의 스페이스X와 직접 경쟁하는 기업이라는 인식이 AST 스페이스모바일의 상승은 제한한 것으로 이해할 수 있겠다.

둘째, 우주산업이 자동차 산업과 연결될 가능성이다. 다이렉트투셀이 자율주행 시대의 핵심 기술이 될 수 있기 때문이다.

스타링크는 2023년 5월에 '스타링크 모빌리티(Starlink Mobility)'를 출시했는데, 이는 이동 중인 차량이나 항해 중인 선박 등 지구상의 모든 운송 수단에서 초고속 인터넷을 이용할 수 있는 접속 서비스다. 다이렉트투셀에서의 '셀(Cell)'이 스마트폰뿐만 아니라 차량 및 선박으로도 확장될 수 있음을 가리킨다.

2024년 10월, 테슬라는 '위, 로봇(We, Robot)' 행사를 통해 자율주행 차량을 선보였는데(로보택시), 그 자율주행 차량이 운행됐던 곳은 캘리포니아에 위치한 워너 브라더스 스튜디오였다. 여러 가지 조건들이 통제된 상태인 스튜디오에서는 자율주행 차량이 원활하게 작동할 수 있겠지만, 과연 우리의 일상생활에서도 아무런 문제없이 작동할 수 있을까?

자율주행 시대가 본격 개화하기 위해서는 넘어야 할 과제가 많다. 일반적으로 제기되는 문제점은 안전과 관련한 것이고, 그로 인해 규제가 가장 중요한 문제로 다뤄진다. 그런데 트럼프 대통령이 취임했고, 일론 머스크가 현재 미국 정부의 실질적 2인자라면 규제 문제는 점차 완화될 가능성이 높을 것이다. 하지만, 그렇다고 해서 자율주행 차량이 우리의 일상 생활에 본격적으로 침투하기에는 또다른 과제가 남아 있다. 바로 통신 인프라다. 그리고 우리는 일론 머스크가 테슬라뿐만 아니라 스페이스X도 경영하고 있다는 점을 잊지 말아야 할 것이다.

자율주행을 위한 통신 서비스는 지금 휴대폰을 위한 통신 서비스보다 그 안정성이 훨씬 높아야 할 것이다. 쉽게 얘기하면, 휴대폰을 사용할 때는 통신이 일시적으로 약화되더라도 별다른 문제가 생기지 않지만, 자율주행 서비스가 이용되고 있을 때에는 단 1초의 통신 오류가 큰 사고를 유발할 수도 있기 때문이다. 따라서 기존 GPS 시스템 하에서는 완전한 자율주행의 도입은 불가능할 것이며, 제한된 지역 내에서만 서비스가 도입될 수 있을 것이다.

따라서 테슬라의 자율주행은 자율주행 자체보다 우주 통신인프라의 보급이 선행되어야 하는 과제에 먼저 직면할 것이다. 그리고 그 해답은 일론 머스크의 또 다른 사업체인 스페이스X에 있으며, 그 핵심 기술이 바로 다이렉트투셀인 것이다. 이 서비스는 우주산업을 자동차산업과 연결시키면서 우주산업의 폭발적인 성장을 가져올 것이다.

우주산업과 자율주행 기술의 연관성은 구글의 AST 스페이스모바일 투자로도 이해할 수 있다. 구글은 '웨이모'라는 자율주행 사업을 추진하고 있는데, 만약 자율주행 시장이 '테슬라 vs. 구글' 구도로 형성된다면 구글 입장에서는 자율주행에 필요한 통신 서비스를 스타링크에 의존할 수 없을 것이다. 스타링크와 테슬라가 모두 일론 머스크가 운영하는 기업이라면, 결국 최대 경쟁자에게 핵심 인프라를 의존하는 셈이기 때문이다. 이러한 이유 때문일까? 구글은 AT&T, 버라이즌 등의 통신기업들과 더불어 AST 스페이스모바일에 투자하고 있다.

[3단계 - 미래]
우주 관광 + 우주 광물 (운송/연결성 혁명 및 자원 혁명)

2025년 1월 16일, 스페이스X의 초대형 우주선 '스타십(Starship)'이 일곱 번째 시험비행에 나섰지만 지구 궤도비행에 실패했다. 1단 로켓 부스터 회수에는 성공했지만, 2단 우주선이 1단과 분리 후에 통신이 두절되며 사라졌다. 조금씩 진전되고 있지만, 아직 대규모 수송은 쉽지 않은 듯하다.

　스타십은 현재까지 현재까지 개발된 우주선 중 가장 큰 규모이고, 약 100명을 실어 나를 수 있을 정도로 큰 우주선이다. 만약 성공한다면, 우주산업에 또 한 번의 도약을 가능케 할 것이다. 약 100명의 인원을 한 번에 운송 가능하다는 것은 여러 가지 의미에서 새로운 기회로 연결될 것이기 때문이다.

스페이스X의 차세대 우주선 '스타십(Starship)'의 크기

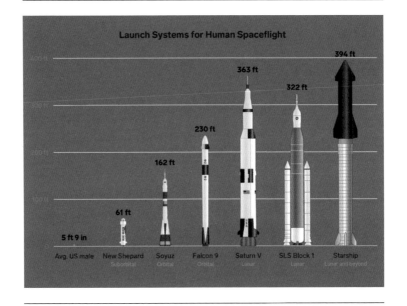

자료: BBC

　첫째, 우주 관광의 시대를 대중화하는 근본적인 변화가 될 것이다. 현재에도 간단한 수준의 우주 관광이 가능하긴 하지만, 그 비용은 일반인들이 감당할 수 없는 수준이다. 버진 갤럭틱의 경우 준궤도 비행을 통해 짧은 시간 동안 우주 공간에 진입해 무중력 상태를 체험하는 수준의 서비스를 제공하는데, 그 비용은 약 45만 달러(약 6억 원) 수준으로 알려져 있다. 한편, 스페이스X는 좀 더 진전된 우주여행 서비스를 제공했는데, 2022년에 민간인 3명이 15일간 국제우주정거장에 머물렀고 그 비용은 5,500만 달러(약 800억 원)에 이른 것으로 알려져

있다. 현재의 우주 관광은 1회에 5명 내외의 인원을 대상으로 하는데, 만약 스페이스X의 스타십이 발사에 성공해서 상업화에 사용된다면 우주 관광 비용을 획기적으로 낮출 수 있을 것이다. 일단은 스타십의 발사 성공부터 발사의 안정성 확보까지 오랜 시간이 필요하겠지만, 장기적으로는 우주산업의 새로운 수익원이 될 수 있을 것이다.

그리고 우주로의 대규모 여행이 자유로워지는 수준까지 발전하게 된다면, 이는 곧 '운송의 혁신'이 될 수 있을 것이다. 아직은 상상의 영역에만 머물고 있는, 말 그대로 '로켓 배송'이 가능해질지도 모를 일이다. 지구 반대편에서 보낸 택배가 로켓을 통해 몇 시간 만에 전달이 완료되는 시대가 가능해질지도 모른다.

둘째, 대규모 운송이 가능하게 된다면 우주 광물을 지구로 가져오는 '자원의 혁명'도 가능해질지 모른다. 달에는 여러 자원들이 상당량 매장돼 있는 것으로 알려져 있다. 헬륨-3라는 핵융합 청정에너지원이 대표적인 자원인데, 달에 매장되어 있는 규모로 지구 전체가 약 1만 년 동안 사용할 수 있는 에너지를 제공해줄 수 있다고 한다. 그 외에도 희토류 등 수많은 자원들의 경제적 가치는 매우 높을 것으로 예상된다.

우주 광물자원의 경제적 가치에 대해서는 지금도 많이 언급되고 있지만, 그 가치를 실현하기 위해서는 '운송'이 가장 중요하다. 지금 당장은 우주에 얼마나 많은 자원이 매장되어 있는지보다, 그 자원을 지구로 운송해 올 수 있는지의 여부가 관건이다. 스타십의 성공 여부는 화성으로의 이주, 우주관광 뿐만 아니라 '우주 광물자원의 활용'이라는 가능성을 현실화하게 해줄 수단이 될 것이라는 관점에서의 의미도 크다.

달에 어떤 자원이 매장되어 있고, 그 가치가 어느 정도인가는 사실 지금 단계에서는 중요치 않다. 오히려 우리가 알아야 할 점은 우주 자원의 경제적 가치를 실현케 할 가장 중요한 기술이 바로 '대규모 운송'이라는 점이다.

우주산업의 미래, 즉 3단계(우주 관광+우주 광물)는 아직까지 상업화와는 거리가 멀다. 앞서 2장에서 살펴본 것처럼 밸류체인 확장에 한계가 있다는 점을 인정할 필요가 있으며, 따라서 투자의 관점에서 우주 관광 및 우주 광물의 단계를 고려하기에는 시기상조라고 판단한다. 투자의 의미보다는, 인류의 진보를 위한 여정이라는 의미에서 관심 갖고 지켜봐야 할 분야가 되겠다.

02 우주산업 투자의 전망

우주산업의 정치·경제적 의미

글로벌 컨설팅사 맥킨지는 글로벌 우주경제의 규모가 2023년 6,300억 달러 규모에서 2035년 1조 7,900억 달러로, 10여년간 약 3배 성장할 것으로 전망했다. 이처럼 높은 성장이 기대되는 이유는 무엇일까?

우주산업의 정치적 관점에서도, 경제적 관점에서도 그 중요성이 더욱 높아질 것이다. 스페이스X의 우주산업 청사진은 경제적 관점에서의 우주산업 성장 가능성을 기대할 수 있는 근거다.

첫째, 우주산업은 운송 혁명이다. 과거 철도, 자동차, 선박, 항공기

AST SpaceMobile: 2024년 5월부터 8월까지 3개월간 17배 급등

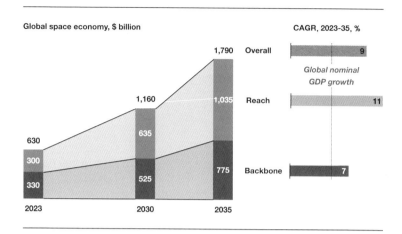

Global space economy, $ billion

자료: Bloomberg

등의 운송 혁명은 이동의 제약을 해소하고 물류 비용을 낮춤으로써 경제적 발전을 가속화했다. 우주산업은 운송 혁명의 역사를 이어갈 기술로, 향후 경제적인 파급 효과가 막대할 것으로 예상된다. 스페이스X의 로켓 재사용 기술이 더욱 발전하고 대형 로켓의 발사에 성공한다면 운송 혁명의 하나로서 우주산업에 대한 기대감은 더욱 커질 것이다.

둘째, 우주산업은 연결성 혁명이다. 전화, 인터넷 등의 연결성 혁명은 소통의 자유로움을 확장했고, 정보 획득의 편리함도 증대되었다. 우주산업의 위성통신은 그러한 역사를 이어갈 기술이 될 것이다.

셋째, 우주산업은 자원 혁명이다. 아직은 먼 미래지만 대형 로켓의 개발이 완료되고 달과 같은 다른 행성에 대한 탐사도 자유로워진다면, 우주에서 광물을 채굴하는 것도 가능해질 것이다. 우주로부터 광물을 조달하는 것이 가능하게 된다면, (공급 확대에 따른) 자원 가격의 하락으로 인한 경제적 효과를 기대할 수 있을 것이다.

한편, 우주산업은 정치적 관점에서도 매우 중요하다. 따라서 우주 패권을 차지하기 위한 주요국 정부의 지원이 확대될 것이다. 정부 지원의 확대는 기업들에게 매출의 확대로 연결된다. 미국과 중국의 패권전쟁이 지속된다면, 정치적 관점에서 가장 중요한 분야 중 하나로서의 우주산업 가치는 더욱 증대될 것이다.

우주경제 지위 확보는 곧 국력

우주산업은 전 세계가 주목하는 블루오션 시장 중 하나이다. 미국, 중국, 러시아, 인도 등 전 세계 주요 국가들은 새롭게 구축되는 ①우주경제 시장을 선점하여 ②국제 질서에 선도적인 지위를 확보 및 ③대응 역량을 확대하기 위해 상당한 규모의 투자와 인력 양성을 추진하고 있다.

과거에는 우주 시장을 정부와 군이 주도했다면, 최근에는 스페이

New Space와 Old Space 특징 비교

구분	Old Space	New Space
목표	국가적 목표	상업적 목표
개발 기간	장기	단기
개발 주체	국가 연구기관, 대기업	중소기업, 스타트업, 벤처
개발 비용	고비용	저비용
자금 출처	정부	민간
관리방식	정부 주도 (공공자본)	자율 경쟁 (산업자본)
특징	보수, 위험회피, 신뢰	혁신, 위험감수
대표 사례	아폴로 프로젝트, 우주왕복선, 아르테미스 프로젝트	재사용 로켓, 우주 광물채굴, 우주관광
대표 기업	NASA, 보잉	스페이스X, Planetary Resources

자료: 과학기술정책연구원, KB증권

스X, 원웹, 로켓랩, 인튜이티브머신 등 민간 스타트업의 활발한 시장 참여와 투자가 이루어지면서 민간 주도의 상업화가 본격화되는 흐름이다. 인공위성 및 발사체 제작을 넘어 우주관광, 광물채굴, 위성영상 데이터 분석, 위성 인터넷 서비스 제공까지 다양한 서비스 영역으로 확장되고 있다.

우주시장은 인류의 미래를 이끌어갈 기회의 공간이며, 관련 산업은 무궁무진한 부가가치를 창출할 수 있는 기회 요인이다. 결국 우리가 맞이하게 될 미래에는 우주산업 및 우주경제의 발전 정도가 국가적 지위 확보와 국력에 상당한 영향을 끼칠 수 있을 것이다.

전 세계 우주산업 규모 및 전망

우주산업은 첨단기술의 집약체로 민간 주도의 산업 성장 기조 속에 이번 러시아-우크라이나 전쟁을 통해 살펴본 스페이스X의 역할은 엄청난 메시지를 우리에게 남겼다. 스페이스파운데이션(Space Foundation) 자료에 따르면 2020년 전 세계 우주산업 시장규모는 약 4,470억 달러(약 523조원)였다. 전년 대비 약 4.4%, 2015년 대비해서는 55% 이상 증가한 규모이다. 최근 모건스탠리에서 발간한 보고서에 따르면 우주패권 장악을 위한 국가 안보, 정찰, 통신위성 시장 수요 확대 등으로 인해 우주산업의 시장규모는 2040년 약 1.1조달러(약 1,365조 원)에 이를 것으로 전망한다.

우주 패권을 차지하기 위해 미국, 중국, 유럽, 러시아 등 기존 주요 플레이어들은 관련 산업에 정부 예산과 민간 자본을 활용하여 대규모 투자를 이어가고 있다. 2021년 기준 전 세계 각국이 우주산업에 지출한 예산은 약 902억 달러로 추산되며, 이 중에서 미국이 전체의 57.4%, 중국 15.0%, 유럽 5.9%, 일본 3.3%, 러시아 2.7%를 차지한다.

전 세계 우주산업 시장규모 및 전망

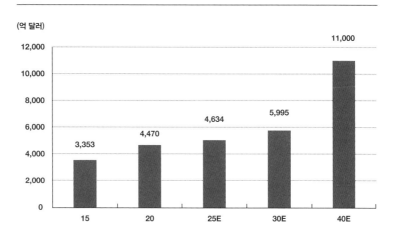

(억 달러)

주요 자료에 따르면 2020년 전 세계 우주산업 시장규모는 약 4,470억 달러(약 523조원)로
2040년에는 1.1조 달러(약1,365조원)까지 규모가 확대될 전망

자료: 우주개발진흥시행계획, SpaceFounder, KB증권

실제 최근 3년 간 발사된 전 세계 인공위성은 총 5,579대로 2012~
20191년까지 발사된 인공위성 보다 약 2배 이상 많다. 연평균 인공
위성 발사 수는 1,859대이며, 국가별로는 미국이 78%, 유럽과 중국
이 각각 8%, 7% 비중을 차지한다. 국가별 보유 인공위성이 가장 많
은 국가는 미국이 2,800대로 독보적인 1위를 기록 중이며, 최근 중국
도 4년간 2배 이상 증가하며 본격적인 우주패권 경쟁에 선도적 역할
을 하고 있다.

최근 몇 년간 폭발적인 위성 발사 증가의 상당 수는 민간 상업용

전 세계 우주 예산 규모

(십 억 달러)

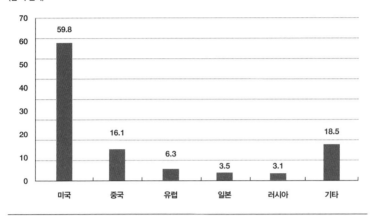

자료: The Space Report, Space Foundation, 한국우주기술진흥협회, KB증권

주: 2021년 기준

전 세계 우주 예산 규모

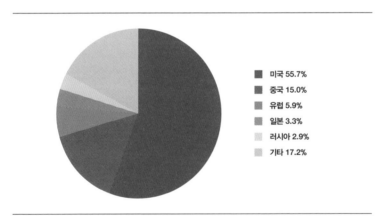

미국 55.7%
중국 15.0%
유럽 5.9%
일본 3.3%
러시아 2.9%
기타 17.2%

자료: The Space Report, Space Foundation, 한국우주기술진흥협회, KB증권

주: 2021년 기준

우주항공 투자의 시대가 온다

국가별 위성 보유 수

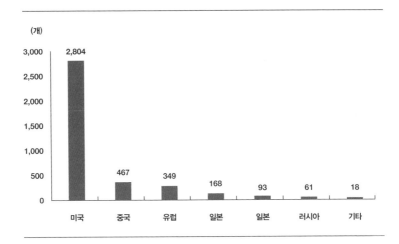

자료: Statista, KB증권

전 세계 위성체 발사 수

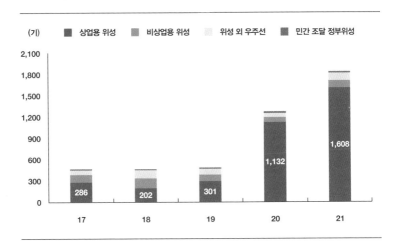

자료: Statista, KB증권
주1: 2017 ~ 2021년 기준
* 민간 조달 정부위성 (민간 개발사로부터 제작)
** 상업용 위성 (민간 개발사에 의해 제작된 상업용 위성)
*** 위성 외 우주선 (유인 또는 화물용 우주선 및 그 밖의 우주선)
**** 비상업용 위성 (정부기관 또는 대학에 의해 자체적 제작 위성)

4장 우주산업의 미래

위성이다. 발사 위성의 80% 이상이 상업용 통신 및 방송 위성용 위성으로 스페이스X의 스타링크, 원웹, 아마존 카이퍼 프로젝트 등이 글로벌 우주 시장을 견인할 전망이다.

5장

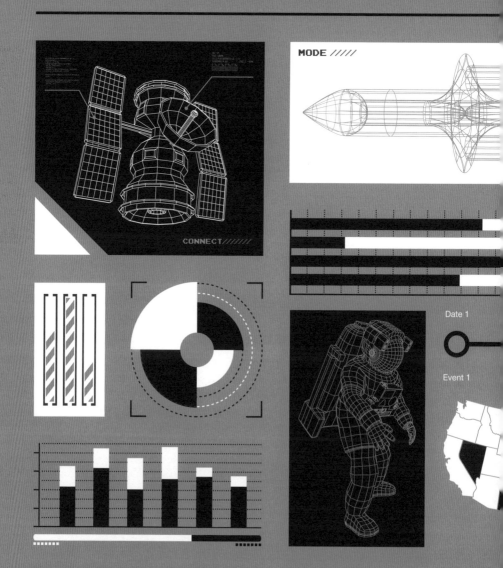

우주산업 Q&A

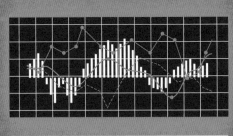

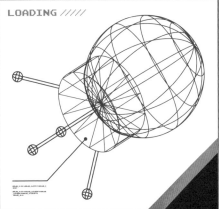

LOADING /////

Date 3   Date 4   Date 5

Event 3   Event 4   Event 5

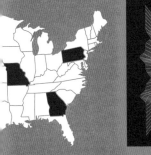

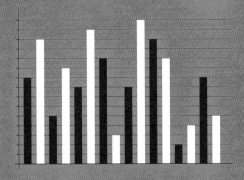

미 국방부 예산 축소 가능성이 우주산업에 부정적인가?

트럼프가 다시 미국 대통령으로 당선되면서 국방부 예산 축소 가능성에 대한 두 가지 우려가 부상하고 있다. 첫 번째는 러시아-우크라이나 전쟁과 이스라엘-팔레스타인 분쟁이 휴전 국면에 접어들 수 있다는 우려다. 이는 군사적 긴장 완화로 이어질 수 있으며, 국방 관련 지출 감소를 초래할 것이기 때문이다. 두 번째는 정부효율부 신설로 인한 국방부 예산 감축 가능성이다. 정부효율부는 정부 지출 구조를 효율적으로 재편성하는 것을 목표로 하는데, 국방 예산도 감축 대상에 포함될 수 있다. 우주산업 자체가 아직 초기 단계에 머물러 있는 만큼 많은 기업들이 국방 또는 정부 프로젝트에 의존하고 있다. 그렇기 때문에 국방 예산 축소는 우주산업의 단기 자금 흐름과 프로젝트 진행의 불확실성을 야기할 수 있다.

그러나 이 같은 우려가 우주산업의 중장기적 발전에 미칠 영향은 제한적일 것으로 보인다. 민간 우주산업이 성장하며 상업적 프로젝트와 기술 혁신이 지속되고 있고, 미국의 국가 안보와 산업의 전략적 중요성을 감안할 때 국방 예산이 축소되더라도 우주산업이 우선순위에서 제외될 확률은 낮다. 더불어, 민간 기업의 투자와 국제 협력으로 우주산업이 점차 민간 중심으로 전환되어 가는 점도 이러한 우려를 완화한다.

지정학적 갈등 심화는 중장기적으로 계속될 것

전쟁의 휴전 성공 여부는 정치적, 외교적 요인의 영향을 크게 받기 때문에 현실적으로 예측하기란 어렵다. 하지만 트럼프 대통령의 적극적 휴전 의지는 분명하게 확인할 수 있다. 또한 유럽 동맹국들의 경제 상황과 높은 에너지 물가로 인한 피로감이 누적되면서 우크라이나 지원이 약화되고 있는 점도 휴전 가능성을 높이는 요인으로 볼 수 있다. 유럽 국가들이 우크라이나 지원을 축소하거나 미국이 휴전을 강력히 중재한다면 전쟁이 중단될 확률은 더 커질 것이다. 다만, 러시아-우크라이나 휴전이 성공적으로 이루어진다고 해도 지정학적 갈등은 중장기적으로 지속될 전망이다. 트럼프 행정부의 강경한 외교 정책과 변화하고 있는 지정학적 환경이 다양한 지역에서 긴장을 유발하기 때문이다.

먼저 중동 지역에서 트럼프 행정부는 이스라엘 네타냐후 보수 연정과의 협력을 강화할 전망이다. 트럼프 1기 행정부 당시 체결한 아브라함 협정의 기조를 유지하면서 중동 외교 정책을 펼칠 것이다. 아브라함 협정은 당시 백악관의 중재로 UAE와 바레인이 이스라엘과 관계를 정상화한 협정으로, 이후 모로코와 수단도 이스라엘과 관계를 정상화하며 대열에 합류했다. 트럼프 행정부는 1기 당시 중동의 외교적 흐름을 이어갈 것이고 궁극적으로 사우디아라비아와 이스라엘 간의 관계 정상화를 목표로 삼고 있다.

여기서 확인할 수 있는 트럼프 행정부의 중동 외교 정책은 이스라엘과 수니파 아랍 국가 간 협력을 강화하여 이란을 비롯한 시아 벨트(시아파 중심의 이란, 이라크, 시리아, 레바논을 아우르는 초승달 모양의 지역)를 압박하는 것이다. 1기 행정부 시절 구상했던 중동 전략을 재추진하기 위해 이스라엘-팔레스타인 전쟁을 빠르게 중단시킬 필요성이 커지고 있다.

이스라엘과 일부 수니파 국가들 간 관계 정상화 및 이를 위한 이스라엘-팔레스타인 휴전 추진은 단기적으로 중동 내 지정학적 갈등을 완화할 것이다. 그러나 이러한 접근은 분쟁의 일시적 중단에 그칠 수 있으며, 근본적인 고리를 끊는데 한계가 있다. 오히려 대이란 전선 구축과 경제·외교적 제재 강화는 이란을 자극하여 중동 내 긴장을 심화시킬 수 있다. 특히, 과도한 고립과 압박은 이란을 더욱 러시아와 중

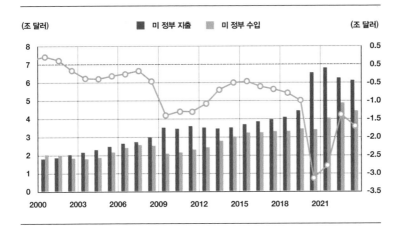

자료: 미국 관리예산실

국에 밀착시키는 결과를 초래할 것이다. 또한, 트럼프 행정부가 2020 년부터 추진했던 분쟁 중재안인 '현실적인 두 국가 해결법(Realistic Two-State Solution)'은 서안지구 내 이스라엘 정착촌을 정당화하고 팔레스타인의 주권을 제한적으로만 인정하는 내용을 담고 있다. 이는 완전한 주권을 요구하는 팔레스타인의 입장에서 받아들이기 어려운 제안으로, 갈등의 근본적인 해결책이 되기 어렵다.

결국 트럼프 행정부의 중동 정책은 단기적으로는 이스라엘과 아랍 국가 간 관계 정상화를 통해 갈등을 완화하는 효과를 낼 수도 있지만, 대이란 전선 강화와 팔레스타인 문제를 둘러싼 임시방편은 중장기적으로 중동 전역의 불안정성을 재차 확대시키는 요인으로 작용할

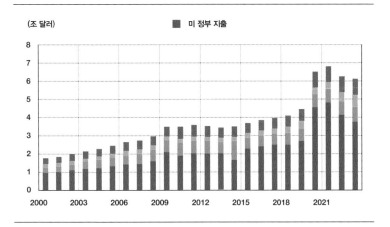

(조 달러)　　　　　　　　　■ 미 정부 지출

자료: 미국 관리예산실

것이다.

　지정학적 갈등이 심화될 또 다른 지역인 북극해를 둘러싼 긴장감도 점차 고조되고 있다. 최근 지구온난화로 인한 북극해의 해빙 가속화로 자원 확보와 새로운 항로 개척에 대한 의지가 커지고 있다. 이로 인해 미국, 중국, 러시아 등 주요 국가 간 자원 경쟁과 군사적 긴장이 높아지는 중이다. 지정학적 경쟁이 심화될수록 북극해 지역을 중심으로 군사 인프라에 대한 투자는 더욱 증가할 것이다. 특히, 극지방의 특수한 환경은 위성을 활용한 통신 및 감시 시스템의 필요성을 크게 부각시킨다. 극한의 조건으로 인해 지상 인프라 구축이 어려운 북극 지역에서 우주 기술은 효과적인 대안으로 떠오르고 있으며, 이는 군사 분야에서 위성 기술 관련 투자를 더욱 확대시키는 요인이 될 것이다.

　마지막으로 미국과 중국의 분쟁에 주목할 필요가 있다. 트럼프 대통령은 재집권 시 더욱 강력한 대중 무역 정책 추진을 예고했으며, 이는 무역 갈등과 함께 남중국해를 둘러싼 군사적 긴장을 증폭시킬 것이다. 중국은 2010년대부터 남중국해에 대한 영유권을 주장하며 인공 암초를 군사화하고 해상 기지를 건설하여 군사적 팽창을 본격화했다. 이에 맞서 미국은 남중국해의 전략적 중요성을 인지하고, 중국의 군사적 팽창을 억제하기 위해 필리핀, 일본, 호주 등 동맹국들과 협력을 강화하고 있는 추세이다.

　양국간 갈등은 남중국해를 넘어 더 넓은 지역으로 확산될 수 있다. 대만 문제, 태평양 섬 국가들을 둘러싼 영향력 경쟁, 그리고 중국이 주도하는 일대일로 정책 모두 이 지역에서 지정학적 불안을 심화하는 요인이다. 특히 중국의 군사적 강화는 시진핑 주석의 꿈인 중국몽(중국의 부흥)과 이를 위한 발판인 강군몽(강력한 군대 건설)을 실현하기 위한 필수적인 과정이다. 이는 남중국해를 넘어 태평양 전역에 지정학적 긴장 증가를 초래하는 요인이다.

　결론적으로, 분열된 국제 사회의 지정학적 갈등은 더욱 심화될 전망이다. 단기적으로는 외교적 성과를 위한 전쟁 중단 움직임이 나타날 수 있어도, 군사적 긴장이 증가함에 따라 국방 영역에 대한 정부의 투자가 멈출 가능성은 크지 않다. 이 거대한 흐름 속에서 지상 인프라 의존을 줄이고 통신, 감시, 정찰 등 핵심 영역에서 우주 기반 기술에 대한 투자가 다각화되고 가속화될 전망이다.

트럼프 재집권에 따른 정부효율부 신설이 우주산업에 끼칠 영향

한편, 정부효율부 신설과 이에 따른 국방부 예산 감축에 대한 우려도 존재한다. 트럼프는 당선이 확정된 이후 기업가인 일론 머스크를 정부효율부 수장으로 지명했다. 트럼프 행정부의 정책은 투자를 확대하는 방향이고 투자를 확대하기 위해서는 대규모 채권 발행이 필요하다. 하지만 펜데믹 이후 미국의 재정 건전성은 더욱 악화되었고, 미국의 순이자 지출도 확대되고 있는 상황이다. 고금리 상황이 고착화되고 있는 환경에서 정책 추진을 위한 채권 발행은 금리 상승 압력을 가중시켜 이자비용이 더욱 증가하는 악순환이 반복될 가능성이 크다. 이 연결고리를 끊으려는 상징적인 시도가 바로 효율성을 중시하는 기업가 출신을 수장으로 둔 정부효율부의 신설이다.

정부효율부는 주요 목적은 규제 철폐, 행정 축소, 비용 절감 등으로, 2026년에 예정된 미국 건국 250주년까지 약 2조 달러 규모의 지출 감축을 목표로 연방 정부 개혁을 추진 중이다. 이는 정부의 비효율적인 지출을 줄이고 재정 부담을 완화하려는 시도로, 국가 재정 관리와 경제 구조의 효율적 개선을 추구하는 트럼프 행정부의 정책 방향을 잘 보여준다.

그러나 미국 연방 정부 지출의 70% 이상은 사회보장, 메디케어, 메디케이드, 이자 지출 비용 등 필수적인 부분으로 구성되어 있다. 따라서 국방 예산을 포함한 나머지 임의 지출 항목에서 대규모 예산 삭감이 예상된다. 이런 우려는 특히 일론 머스크가 자신의 소셜미디어에서 미국의 첨단 스텔스 전투기인 F-35의 비효율성을 공개적으로 비판하면서 심화되었다. 이에 따른 국방부 예산의 감축이 우주 관련 프로젝트 예산을 축소시키고 결국 우주산업의 성장 속도 둔화로 이어질 것이라는 우려가 확산되고 있다.

다만 '정부효율부 신설 → 국방부 예산안 감축 → 우주산업 성장 둔화'라는 연결고리는 2가지 측면에서 과장된 부분이 있다. 첫 번째는 정부효율부의 지출 감축 목표가 현실화되기 어렵다는 점이고, 두 번째는 정부효율부 신설이 우주산업에 미칠 긍정적인 부분을 간과하고 있다는 점이다.

먼저 정부효율부의 지출 감축 관련해서 이 기관이 외부자문 기관의 성격을 띤다는 것을 고려해야 한다. 그렇기 때문에 예산에 대한 직접적인 개입보다는 백안관 관리예산실과 협력을 통해서 간접적인 영향력을 행사할 수밖에 없다. 또한 규모 측면에서도 달성하기 어려운 부분이 있다. 정부효율부가 목표로 삼는 지출 감축액은 2조 달러로, 이는 미국 전체 연방 지출 규모의 약 3분의 1 수준이다. 필수 지출 항목인 사회보장, 메디케어, 메디케이드, 이자 비용 등을 제외하면 삭감할 수 있는 지출 항목은 약 30% 수준에 불과하다. 2조 달러를 감축하려면 필수 항목을 제외한 대부분의 임의 지출 예산을 삭감해야 하는데 이는 정치적, 현실적으로 불가능에 가까운 목표이다.

  일론 머스크 특유의 목표 설정 방식도 고려해야 한다. 이는 일론의 전기와 기업 활동에서 확인할 수 있는데, 일론은 먼저 매우 도전적인 목표를 제시한 다음 이를 달성하기 위해 노력하면서 현실적으로 불가능한 부분들은 조금씩 타협해가는 방식을 택해왔다. 그렇기 때문에 일론 머스크가 제시한 2조 달러라는 숫자는 감축의 규모보다 정부 효율화에 대한 일론의 의지와 방향성으로 보아야 할 필요가 있다.

  정부효율부의 도입은 오히려 우주산업 성장에 긍정적인 측면도 있다. 정부효율부 수장인 일론 머스크는 국방비 지출에서 유인 무기 체계(F-35 등)의 비효율성을 비판하며, 드론이나 극초음속 미사일 같은 신기술 분야에 더 많은 자본을 투자해야 한다고 주장한다. 무인 무기 체계의 도입에서 가장 중요한 부분은 안정적이고 실시간으로 통신할 수 있는 시스템의 구축이다. 스타링크를 통해 위성 통신 기술에 누구

보다 익숙한 일론은 무인 무기 체계 운영에서 안정적인 위성 통신의 필요성을 잘 이해하고 있을 것이다. 따라서 전체적인 국방부 예산이 줄어들 수는 있어도, 효율적인 무인 무기 체계와 이를 지원하는 통신 인프라에 대한 투자는 더욱 촉진될 전망이다.

또한 정부효율부의 세 가지 목표 중 하나인 규제 폐지는 오히려 뉴스페이스 시대를 가속할 수 있다. 우주산업은 발사부터 위성 운영까지 전반적인 과정에서 관련 기관의 엄격한 규제를 받는 산업이다. 이는 때때로 로켓 발사 일정의 지연이나 원하는 궤도로의 위성 배치를 막는 장벽으로 작용하기도 한다. 만약 정부효율부의 신설과 트럼프 행정부의 규제 완화 기조가 지속된다면 우주산업 내에서도 규제의 장벽이 낮아질 것이고, 이는 능력을 갖춘 민간 우주 기업들의 혁신과 경쟁력을 강화하는 요소로 작용할 것이다.

왜 저궤도 위성 중심으로 우주산업이 재편되는가?

기존 우주산업의 중심이었던 정지궤도 위성(GEO)에서 저궤도 통신 위성(LEO) 중심으로 우주산업이 재편될 수밖에 없는 이유는 기술적 우위와 경제적 우위 때문이다. 초기 우주산업에서 정지궤도 위성의 발전이 먼저 시작된 이유는 높은 비용 구조에 있다. 과거에는 발사비용과 위성 제작 비용이 매우 높았기 때문에 소수의 발사만으로도 광범위한 커버리지를 제공할 수 있는 정지궤도 위성에 투자가 집중되었다. 정지궤도 위성은 지구 자전 속도와 동일하게 움직이는 원 궤도에 배치되어 지속적으로 특정 지역을 커버할 수 있으며, 단 3~4개의 위성만으로 지구 전체를 커버할 수 있다는 장점이 있기 때문이다.

하지만 2000년대 이후 스페이스X를 중심으로 이루어진 발사 기술

궤도별 인공위성 특징

구분	저궤도(LEO)	중궤도(MEO)	정지궤도(GEO)
위성고도	180~2,000km	2,000~35,786km	35,786km
지연율	30~50ms	100~130ms	560~700ms
장점	낮은 지연 시간, 높은 속도, 유연성,	긴 수명, 넓은 커버리지	더 긴 수명, 더 넓은 커버리지
단점	수명 제한, 우주 잔해, 좁은 커버리지	높은 비용, 추적 필요성	고정된 서비스, 높은 비용
주요 업무	초고속 통신, 첩보, 지구관측	위치정보, 항법, 데이터 중계	위성 방송, 기상, 항법
관련 회사	스페이스x, 아마존, 원웹, 텔레샛	SES, 인텔샛	SES, 유텔샛, 비아샛, 에코스타

자료: 과학기술정책연구원, KB증권

의 혁신과 위성 제작 기술의 발전은 우주산업의 패러다임을 완전히 바꿔 놓았다. 특히 재사용 로켓 기술은 발사 비용을 획기적으로 낮췄으며, 소형화된 위성 설계와 대량 생산 기술의 발전은 저궤도 위성의 기존 한계를 극복할 수 있는 기반을 마련했다. 과거 저궤도 위성의 단점으로 지적되었던 좁은 커버리지와 이를 보완하기 위해 필요한 다수의 위성 발사 비용 문제는 기술 혁신을 통해 점차 해소되고 있다.

발사 비용이 낮아지면서 대규모 위성 군집을 구축하는 것이 경제적으로 가능해지고, 저궤도 위성으로의 투자 확대를 촉진시켰다. 저궤도 위성은 지구에서 가까운 궤도에 배치되기 때문에 중궤도와 정지궤도 위성에 비해 데이터 전송 속도가 빠르고 지연 시간이 낮다는 기술적 우위가 있다. 혁신을 통한 저궤도 위성의 기술적 우위는 고속 데이터 전송이 필수적인 통신 및 인터넷 서비스 분야에서 경쟁력을 크게 높였다.

이런 기술적 우위는 곧 경제적 우위로 연결된다. 정지궤도 위성은 제작, 발사, 유지 비용이 매우 높고, 제한된 궤도 슬롯으로 인해 추가 확장이 어렵다. 반면, 저궤도 위성은 추가 투자 비용이 낮아 투자 회수 기간이 단축되며, 이는 자본을 빠르게 회수할 수 있는 경제적 이점으로 이어진다. 활용도 측면에서도 기존 중궤도와 정지궤도 위성은 기상, 항법, 일부 통신, 위성 방송 등 확장할 수 있는 영역이 제한된다. 반면 저궤도 위성은 기존 정지궤도 위성이 제공했던 통신 서비스 외에도 사물인터넷, 다이렉트 투 셀, 지구 관측과 같은 차세대 기술로 활용 범위를 다양하게 확장할 수 있다. 이러한 확장성은 저궤도 위성이 우주산업에서 점점 더 큰 비중을 차지하게 되는 결정적 이유로 작용하고 있다.

03 그렇다면 향후 우주산업의 재편 방향은?

그렇다면 우주산업 분야에서 기업들은 어떤 형태로 재편될 수 있을까? 향후 우주산업은 크게 4가지 영역으로 구분될 수 있다. 이는 기업들의 기술력, 자본력, 시장 점유율, 그리고 혁신 가능성을 중심으로 새로운 생태계를 형성하는 방향을 고려한 것이다.

첫 번째 유형은 파괴적 혁신을 통해 시장을 선도하는 기업들이다. 혁신적인 기술을 상용화하고 이를 통해 빠르게 현금을 창출하며, 투자 선순환 구조를 확립하는 유형이다. 대표적인 사례로 스페이스X를 들 수 있다. 스페이스X는 재사용 로켓 기술을 상용화하며 발사 비용을 획기적으로 낮췄고, 대규모 군집 네트워크인 스타링크를 구축해 시장을 선점했다. 이 유형의 기업들은 이미 우주산업 내 핵심 참여자

우주항공 투자의 시대가 온다

궤도별 인공위성 특징

유형 구분	유형 내용	관련 회사
1	유망한 기술을 성공적으로 상용화해 가까운 미래에 현금 창출이 가능하고, 투자의 선순환이 이뤄질 수 있는 기업	스페이스X, 로켓랩, MDA Space, 플래닛 랩스, 텔레샛 등
2	유망한 기술을 가지고 있지만 자본이 부족하여 대기업이나 기관의 지원을 받거나 피인수 대상이 될 수 있는 기업	Terran Orbital, Satellogic, Blacksky, 인튜이티브 머신스, AST SpaceMobile, 글로벌스타, Spire Global, Sidus Space 등
3	가지고 있는 기술과 사업영역의 해자가 적어 혁신자들에게 시장점유율을 뺏기거나 이에 대항하기 위해 연합하는 기업	유텔샛-원웹, SES-인텔샛, Inmarsat-비아샛, KVH 인더스트리, 이리디움 등
4	현재 주목받고 있지 않지만 장기적으로 주목받을 수 있는 기업	버진 갤럭틱(우주 여행), Momentus(우주 내 궤도 이동), Astroscale(잔해물 제거) 등

자료: 과학기술정책연구원, KB증권

로 자리잡았으며, 단기적으로도 높은 투자 매력을 제공하고 있다.

두 번째 유형은 유망한 기술을 보유했지만, 자본력 부족으로 인해 대기업의 지원이 필요하거나 피인수 대상이 될 수 있는 기업들이다. 2024년에 록히드 마틴이 테란 오비탈(Terran Orbital)을 인수한 사례가 대표적이다. 테란 오비탈 지분 30%를 보유했던 록히드 마틴은 전략적 기술 확보를 위해 잔여 지분을 완전히 인수하며 시장 경쟁력을 강화했다. 이와 유사하게 대형 방산 기업이나 빅테크 기업들이 위성 데이터 분석 기술이나 정찰·감시 역량을 보유한 중소 우주 기업을 인수하거나 협력 관계를 확대할 전망이다. 군사 및 데이터 영역에서 우주 산업이 차지하는 중요성이 점점 커질 것으로 전망되기 때문이다.

세 번째 유형은 시장 점유율 유지에 어려움을 겪으며 경쟁 상황에 대응하기 위해 인수합병을 선택하는 기업들이다. 이 기업들은 강력한 경쟁자에게 시장 점유율을 빼앗기지 않기 위해 서로 협력하거나 연합하여 규모의 경제를 확보하는 방법을 선택했다. 유텔샛-원웹, SES-인텔샛 등 스페이스X를 필두로 한 저궤도 통신 시장의 확대에 대응하기 위해 기존 위성 통신 서비스 기업들 사이에서 나타난 협력 사례가 대표적이다. 이러한 협력은 단일 기업으로는 견디기 힘든 경쟁 구도 속에서 생존 가능성을 높이고, 시장 내 입지를 강화하기 위한 수단으로 활용된다.

마지막 유형은 현재 주목받고 있지 않지만, 장기적으로 성장 잠재력을 가진 기업들이다. 예를 들어 우주 여행을 목표로 하는 버진 갤럭틱(Virgin Galactic)이나 우주 내 궤도 이동 서비스를 제공하는 모멘터스(Momentus) 같은 기업들이 이에 해당한다. 이 기업들은 기술 상용화가 아직 초기 단계에 머물러 있지만, 우주산업의 성장이 가속화될수록 점차 수요를 창출할 전망이다. 특히 우주 내 자원 활용, 궤도 정비 및 이동 서비스, 우주 관광 등 새로운 시장이 형성되면 이들의 혁신 기술은 미래 우주산업 생태계의 중요한 축으로 자리 잡을 것으로 기대된다

우주항공 투자의 시대가 온다

스페이스X 외의 기업에
투자해도 괜찮을까?

우주산업은 스페이스X가 주도하고 있는 것이 현실이다. 스페이스X 는 2024년 미국에서 발사된 로켓의 95%를 차지했으며, 위성 운영 및 우주여행 등 거의 모든 우주산업 세부 분야에서 절대적 우위를 점 하고 있다. 게다가 업스트림과 다운스트림의 대부분 영역에서 수직 계열화 되어 있기 때문에 다른 우주 기업들에 비해 기술적 우위 및 높은 수익성을 확보하고 있기도 하다. 따라서 우주산업에 투자한다 면, 스페이스X가 최우선 고려대상일 수밖에 없다.

하지만 현실적으로 스페이스X에 투자할 수 있는 방법이 없다. 스 페이스X는 비상장 기업이고, IPO(기업공개)에 대한 구체적인 계획이 여전히 부재하기 때문이다. 국내의 일부 기관투자자들(VC)도 스페이스X에 투자한 것으로 알려져 있으나, 비상장 투자이기 때문에 개인 투자자들 입장에서는 접근이 제한된다. 따라서 아쉽지만, 스페이스X 에 직접 투자하는 것은 IPO까지 기다릴 수밖에 없다.

스페이스X가 기술적인 측면과 사업적인 측면에서 가장 뛰어난 우주 기업인 것은 분명하지만, 주식투자의 관점에서는 다른 기업들도 충분히 투자할 만한 가치가 있다. 우주산업은 국가 안보와도 직결되는 산업이고, 또 미래 성장성이 매우 높은 분야이기 때문에 스페이스X의 독점적인 위치를 원하지 않는 이해관계자들이 생겨날 수밖에 없다.

스페이스X의 독점적인 위치를 원하지 않는 첫 번째 이해관계자는 미국 외 국가들이다. 1장에서 살펴본 것처럼 우주산업은 민간의 영역으로 사업의 범위를 확장하고 있음에도 불구하고, 근본적으로는 국가 방위·안보와 직결될 수밖에 없는 산업이다. 따라서 미국 기업인 스페이스X가 우주산업을 독과점하는 것을 반기지 않을 첫 번째 국가들은 미국과 패권경쟁을 벌이고 있는 중국, 러시아 등이다. 게다가 미국의 동맹국들이라 하더라도 국가 방위·안보를 전적으로 미국에 의존하는 것은 부담스럽다. 따라서 자체적인 우주산업 역량을 강화할 필요가 있는데, 이러한 이유로 우주산업 투자를 확대하고 있는 국가들은 한국, 일본, 인도, 유럽 국가들(영국, 프랑스 등)이다.

특히 미국 외의 국가들은 후발주자이기 때문에 민간이 전적으로 주도하기 보다는, 정부 차원의 정책적인 지원이 산업의 성장을 주도하고 있다. 러시아 우크라이나 전쟁으로 인해 유럽 국가들의 재정지출이 확대되면서 방위비가 증액되고 있는 흐름, 중국의 국방 투자가 확대되고 있는 흐름 등은 미국 외 국가들의 우주산업 투자 확대를 가리킨다. 3장에서 살펴봤듯이 한국 정부도 우주산업에 대한 정책적인 지원을 확대하고 있기 때문에 한국의 우주 기업들에 대해서도 관심을 기울여야 할 이유가 되겠다.

스페이스X의 독점적인 위치를 원하지 않는 두 번째 이해관계자는 통신 기업들이다. 특히 스페이스X가 위성통신 사업을 본격화하면서 통신 기업들의 이해관계와 첨예하게 대립하고 있다. 대표적으로 스페이스X에 대항하는 기업들은 미국의 대표적인 통신 기업인 AT&T, 버라이즌(Verizon)이다.

AT&T와 버라이즌은 2장에서 다룬 'AST 스페이스모바일'에 전략적 투자를 했고, 위성통신 계약을 체결하기도 했다. 버라이즌은 2024년 5월 말 AST 스페이스모바일과 파트너십을 체결했는데, 소식이 전해진 당일 AST 스페이스모바일의 주가는 70% 급등했고 그로부터 수개월 간 1,000% 이상 상승했다. 통신사들이 우주 기업에 투자하고 파트너십을 체결하는 이유는 만약 스페이스X가 추진하고 있는 다이렉트투셀(Direct to Cell) 서비스가 본격적으로 통신 시장을 잠식해 나갈 경우 중대한 위협이 될 수밖에 없기 때문이다.

한편, 2025년 4월 아메리칸 항공은 AT&T와의 파트너십을 체결했는데, 2026년부터 로열티 회원을 대상으로 기내 무료 와이파이를 제공하겠다는 계획이다. 참고로 유나이티드항공은 스타링크 위성 인터넷을 탑재한 항공기를 2025년 5월부터 운항 개시할 예정이다.

여기서 주목할 점은 2가지다. 첫 번째는 항공사들의 기내 와이파이 서비스를 위한 위성통신 채택이 본격화하고 있고, 그 수혜는 스페이스X 뿐만 아니라 다른 통신사들 및 통신사들이 파트너십을 맺은(또는 투자를 한) 우주 기업들에게도 적용되고 있다는 점이다. 두 번째는 이미 스페이스X의 경쟁자는 우주 기업을 넘어 통신사들로 확장되고 있다는 것이며, 통신사들과의 경쟁에서도 앞서 나가고 있다는 것이다. 그 경쟁에 뒤처지지 않기 위한 통신사들의 투자가 가속화될 것이라 예상하며, 그 투자의 대상이 바로 스페이스X 외의 기업들이다.

스페이스X의 독점적인 위치를 원하지 않는 세 번째 이해관계자는 빅테크 기업들이다.

아마존(Amazon)의 제프 베조스는 블루 오리진(Blue Origin)을 통해 직접적으로 우주 사업에 참여하고 있고, 스페이스X와의 기술 격차가 크긴 하지만 스페이스X와 같은 종합 우주기업을 꿈꾸고 있다. 구글

궤도별 인공위성 특징

전략적 투자자	MNO (모바일 네트워크 사업자) 파트너	
	기업	국가 및 지역
AT&T	AT&T	미국
Verizon	Verizon	미국
Vodafone	Bell	미국
Google	Rakuten	일본
Rakuten	Orange	프랑스
American Tower	Liberty Latin America	중남미 및 카리브해 지역
Bell	Africell	아프리카 지역
	Indosat	인도네시아
	Telkomsel	인도네시아
	Telestra	호주
	Tigo	과테말라
	Globe	필리핀

자료: 과학기술정책연구원, KB증권

(Google)은 AST 스페이스모바일에 전략적 투자자로 참여하고 있는데, 스마트폰 소프트웨어 사업 및 자율주행차 사업을 하고 있어 다이렉트투셀 서비스의 중요성을 인지하고 있는 구글 입장에서도 스페이스X의 독과점이 반가울 리는 없을 것이다. 애플 역시 2장에서 살펴본 글로벌스타(Globalstar)와 2022년에 아이폰의 긴급 SOS 위성 서비스

에 글로벌스타의 위성 통신 네트워크를 활용하는 계약을 체결했고, 2025년부터 발사 예정인 차세대 저궤도 위성 17기에 대한 비용을 부담'하 글로벌스타의 대규모 위성 투자 자금을 지원하고 있다(애플은 2024년 11월, 글로벌스타의 지분 20%를 확보하고 11억 달러의 현금을 추가 지원할 것이라고 발표).

6장

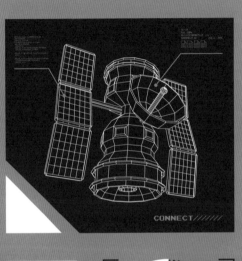

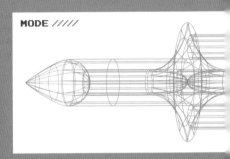

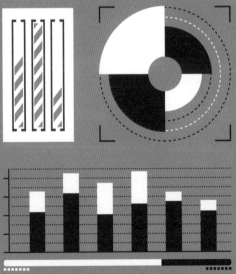

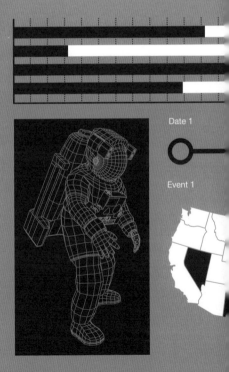

Appendix

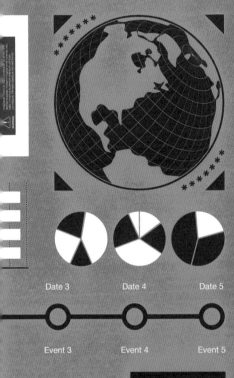

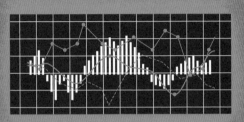

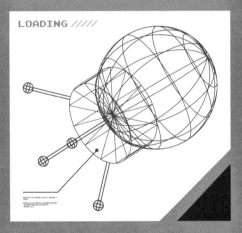

LOADING /////

Date 3   Date 4   Date 5

Event 3   Event 4   Event 5

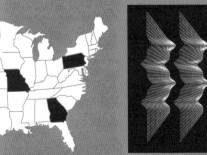

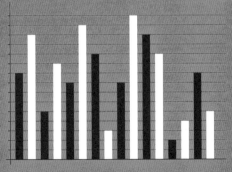

01 주요 용어 설명

용어	주요 내용
우주선 (Spacecraft)	특정 목적을 위해 우주공간에 발사된 인공 천체로 유인우주선 등의 유인우주선과 인공위성/무인탐사선 등의 무인우주선으로 분류
발사체 (=로켓, Launch Vehicle)	우주선을 지구 궤도 및 궤도 너머로 발사하는 운반체로 여기에 우주선이 아닌 미사일을 실으면 ICBM등의 군사적 목적으로 전용될 수 있음
페이로드 (Payload)	발사체에 실리는 위성체를 뜻하며 "Payload to LEO" 등 발사체가 실을 수 있는 최대 하중을 일컬을 때도 쓰임
인공위성 (Satellite)	지구 궤도 및 궤도 너머로 발사된 물체로 지구 관측, 통신, 정찰 등 다양한 임무를 수행
지구 저궤도 (LEO, Low Earth Orbit)	지구 표면에서 180~2000km에 이르는 궤도를 말하며 해당 궤도를 도는 위성은 지구 표면과 거리가 가까워 초저지연 통신이 가능하지만 그 만큼 관찰 범위가 좁고 공전 속도가 매우 빨라 특정 지역에 대한 연속적인 정보 습득을 위해서는 많은 양의 위성 군집이 필요
지구 중궤도 (MEO, Medium-Earth Orbit)	지구 표면에서 2,000~36,000km에 이르는 궤도를 말하며 GPS, 내비게이션 등 위치정보/항법이 용도로 활용됨
지구 정지 궤도(GEO, Geostationary Orbit)	지구 표면에서 36,000km이상의 궤도를 말하며 해당 궤도를 도는 위성은 지구의 자전 속도와 같은 속도로 공전하기에 정지해 있는 듯이 보이고 특정 지역에 대한 연속적인 정보 습득이 가능하지만 지구 표면과 거리가 멀기에 통신 지연 시간이 길다는 단점이 존재 해상용 안테나의 기상, 항법 등의 용도로 사용되고 관찰 범위가 매우 넓음

용어	주요 내용
태양 동기 궤도 (SSO, Sun-synchronous Orbit)	궤도면과 태양이 이루는 각도가 항상 일정하게 유지되는 궤도로 궤도경사각이 90도인 극궤도에 가까움. 지구상의 고정된 위치를 일정한 시간에 통과하기에 시간에 따른 물체의 변화를 분석하는데 유리. 우리나라의 지구 관측용 다목적 실용위성과 아리랑위성이 모두 태양동기궤도 위성에 속함
군집 위성 (=위성 별자리, Satellite Constellation)	주로 초소형 저궤도 위성들이 모여 군집 위성을 이루며 군집 운용을 통해 좁은 관찰 범위는 극복하고 초저지연 통신은 극대화
VSAT (Very Small Aperture Terminal) 안테나	주로 해상용으로 쓰이며 C, Ka, Ku 밴드 주파수를 사용하여 위성과 양방향으로 통신
파라볼릭 안테나 (Parabolic Antenna)	고정체 사용되는 포물선 모양의 안테나로 주로 해상용 VSAT 등에 사용
평판형 안테나 (Phased-array)	안테나에 내장된 칩셋을 통해 위성 신호를 다양한 각도에서 송수신할 수 있는 안테나
유저터미널 (User Terminal)	유저안테나와 동일한 의미로 쓰이며 저궤도 위성 인터넷 사용자는 위성과의 통신을 위해 초기에 유저터미널을 설치해야 함
게이트웨이 (Gateway)	지상에 설치되며 위성과 데이터센터를 연결하는 매개체 역할을 수행. 케이블과 다르게 무선 통신이 가능하며 관련 범위가 매우 넓음
액체 연료 로켓 (Liquid-Propellant Rocket)	액체로 된 연료와 산화제가 사용되는 발사체. 복잡한 구조와 저장 및 보관이 어렵다는 단점이 있으나 연료와 산화제 양을 조절해 추력 제어가 가능해 정밀한 궤도 안착이 중요한 인공 위성 등에 주로 사용

용어	주요 내용
고체 연료 로켓 (Solid Propellant Rocket)	고체로 된 연료와 산화제, 결합제를 사용하는 발사체. 결합제를 사용하는 발사체, 간단한 구조와 함께 연료 주입 상태로 보관 및 이동이 가능해 군사용으로 사용. 그러나 발사체에 한 번 점화가 되면 중간에 중단할 수 없고 추력 제어가 어렵고 연료 효율이 낮음.
연방통신위원회 (FCC)	미국 연방통신위원회로 미국의 정보통신 분야를 규제 감독하는 행정기관
뉴 스페이스 (New Space)	민간 사기업 주도로 이루어지는 우주 개발 사업을 총칭하는 말. 정부 및 공공기관이 주도하는 올드 스페이스의 반대 개념
ROI (Return on investment)	경영성과를 종합적으로 측정하는 데 이용되는 가장 대표적인 재무비율로 순이익을 총투자액 (총자본)으로 나누어 산출
UAM (Urban Air Mobility)	민간 사기업 주도로 이루어지는 우주 개발 사업을 총칭하는 말. 정부 및 공공기관이 주도하는 올드 스페이스의 반대 개념
한국형 위성항법시스템 (KPS)	정지궤도 위성 3기, 경사궤도 위성 5기 등 총 8기 위성을 발사해 한반도 인근에 초정밀 지역항법시스템을 구축하는 사업으로 정부는 2021년 6월 25일 예비타당성조사가 통과되고 2022년부터 2035년까지 3조7234억원을 투입할 예정
우주지상국	위성 및 위성 발사체로부터 생산된 자료를 수신, 관제하는 시설
클라우드	인터넷 상에 존재하는 서버에 각종 문서, 영상, 사진 등 파일과 정보를 저장하는 시스템. IT업계에서 서비스 사업자의 서버를 뜻함

용어	주요 내용
Series Investment	- Series A~G까지 금액 규모에 따라 단계별로 구분 - Series A의 경우, 일반적으로 기업이 첫 번째로 자금조달한 라운드를 뜻하며, 통상적으로 투자자에게 투자 대가로 우선주를 부여 - e.g. A기업은 최근 Series B 투자 유치에 성공했다

자료: 네이버 지식백과, 언론보도, DART, KB증권

우주항공 투자의 시대가 온다

02 한국 정부의 '우주경제 기반 구축' 추진 일정

분야 및 정책과제			주요 내용	일정
민간 주도 우주산업 생태계 촉진	초기시장 창출		국가우주(위) 下 '(가칭)우주개발사업 민간 이전 추진단' 구성	23. 말
			매년 국내·외 정부·민간 우주개발 수요 조사	매년 초
			(가칭)우주 新산업 비즈니스 모델 발굴 지원 사업	23. 기획
	글로벌 시장 진출		우주산업 수출지원 관계부처 협의체 구성·운영	24. ~
			우주산업 수출지원 센터 설치	24. ~
			다양한 국제협력 활용 협력사업 발굴	23. 下
			국내기업 교류확대 및 신뢰도 제고 방안 마련	24. ~
	정책·제도 지원 강화		국가 중점 우주기술 로드맵 3.0	23. 下
			우주기술·부품 인증체계 구축(안) 마련	24. ~
			(가칭)Korea Space Standard 마련	24. ~
			(가칭)위성 제품 보증 가이드라인 마련	23. ~
			우주 부품·소자 활용도 제고 및 공급망 다변화 전략 마련	24

분야 및 정책과제	주요 내용		일정
민간 주도 우주산업 생태계 촉진	우주기술 이전 지원	(가칭)우주기술 이전지원 위원회 구성	24
		기술 이전 제도·정책 마련 기획 연구	24
		(가칭)우주기술이전지원화 지원사업 신설	25
	스타트업 전주기 지원	모태펀드 조성	23~
		(가칭)우주창업 패키지 지원사업 신설	25(기획 24)
		(가칭)우주기술 사업화지원 R&BD사업 신설	25(기획 24)
		우주분야 기술·기업 평가 모델 및 가이드라인 개발	24
		우주분야 세컨더리 펀드 및 일반 펀드 조성	26(기획 25)
	규제 혁신	(가칭)우주사업 규제혁신 위원회 신설	23
		민간 우주활동 지원 인·허가 체계 구축	23, 기획
	기반/법·제도	우주산업 클러스터 조성	24~
		공공 인프라 목록화 및 공개 체계 마련	25~
		(가칭)우주산업법 제정	26(기획 24)

분야 및 정책과제		주요 내용	일정
선도형 우주 개발 거버넌스	투자 고도화	정부 투자 1.5조원 수준까지 확대	~27
	우주개발 추진체계	우주항공청 설립	-
		국가우주위원회 역할 강화	-
		위원장(국무총리 → 대통령) 격상, 상설사무국 설치	
	공공/민간 역할 분담	분야별 역할 체계화 및 단계적 적용 방안 마련	23~24
		항우(연), 천문(연), KAIST 인공위성연구소 등 기관별 '우주경제' 시대의 장기 비전 및 전략' 마련	23~24
		(가칭)우주R&D 공공연구기관 역할 고도화 방안 마련	24~
	산-학-연-관 협력 고도화	국가우주위원회 下 민관협력 우주개발 전문위원회 구성 (사무국내 민관협력 전담조직 설치)	국가우주위원회 역할 강화 이후
		(가칭)우주개발진흥원 설립	우주항공청 설립 후
		우주 법령 체계 정비	우주항공청 설립 후
우주 전문 인력 확보	초·중·고 저변 확대	우주 교육 컨텐츠 개발	23 기획
		교사 연수 과정 신설	23 기획
		우주과학토론 대회 개최	23 기획

분야 및 정책과제		주요 내용	일정
우주 전문 인력 확보	초·중·고 저변 확대	우주기술 전문가 학교 방문강연 실시	23 ~
		전국항공우주과학 경진대회	23 기획
		세계우주주간 한국행사	23 기획
		우주 전문 분야 AI SW 교육	23 기획
		현장체험 확대(출연연, 국내외 경진대회 참여 등)	23 기획
		우주과학관 설립	~25. 기획
		국제 교류 프로그램 운영	23 ~
	대학 전문 인력	우주 중점 연구실 지정(1000여개)·지정	23 기획
		미래우주교육센터 추가 지정	24 ~
		취업 연계 도제식 교육 실시 (기관별 10명 내외)	23 ~
		현장 체험 기회 확대(4개월 → 6개월)	23 ~
	산업계 인력 지원	분야별 역할 체계화 및 단계적 적용 방안 마련	23~24
		항우(연), 천문(연), KAIST 인공위성연구소 등 기관별 '우주경제 시대의 장기 비전 및 전략' 마련	23~24
		(가칭)우주R&D 공공연구기관 역량 고도화 방안 마련	24 ~

우주항공 투자의 시대가 온다

분야 및 정책과제		주요 내용	일정
우주 전문 인력 확보	산업계 인력 지원	(가칭)우주분야 기업 인력지원 사업	26~ (25. 기획)
	제도·기반 구축	주기적 우주인력 수급계획 마련	23~
		산·학·연 협의체 구성 및 운영	23~
		우주산업체 채용 박람회 개최	23~
		여성 연구 인력 간 협의회 운영 및 국제 이니셔티브	23~
글로벌 우주 개발 협력 및 국격 제고	국제협력 프로젝트 참여	아르테미스, Moon-to-Mars, SKA 프로젝트 참여 확대 추진	23~
		국제우주정거장, 상업용 우주정거장, 유인 우주임무 등 새로운 국제협력 참여 기회 확보	23 기획
		국제 우주탐사 참여를 위한 선행연구 투자 확대	23 기획
		민간기업 우주탐사 참여 확대 독려	23~
	양자·다자 우주 외교	MOU 체결국과의 후속 조치 강화	23~
	민간 국제 네트워킹 지원	신흥국·개도국 교육 및 MOU 체결 확대	23기획
		국제기구 파견 및 국제행사 유치 추진	24~

분야 및 정책과제		주요 내용	일정
글로벌 우주 개발 협력 및 국격 제고	민간 국제 네트워킹 지원	민-관 협력 의제 발굴	23~
		신흥국과 우주협력 워크숍·세미나 개최	23~
		국제행사에 국내기업 참여 확대	23~
	국제협력 기반 조성	실무위 산하 범부처 국제협력 협의체 구성	23~
		국제동향 분석 보고서 발간	23~
		우주협력 사무소 개소	25~ (23~24. 기획)
		국제협력 전문가 교육 프로그램 추진	23~
우주 안보	우주전파·사이버안보 주파수·궤도	제3차 우주전파재난 관리 기본계획 수립	23
		우주사이버안보 체계 마련	23~
		위성 주파수 및 궤도 조정 방안 마련	24~
	우주물체 대응	레이저, 레이더, 전파 감시·추적 인프라 구축	27~
		우주교통관제 전략 마련	23~

우주항공 투자의 시대가 온다

분야 및 정책과제		주요 내용	일정
우주 안보	안보 자산 및 기술 확보	안보 자산의 활용	23~
		안보 역량 강화를 위한 기술력 향상	23~

자료: 관계부처 합동, KB증권

위성명	발사일(UTC)	개발기관	발사체	발사장소	궤도	임무	운용기관	비고
우리별1호 (KITSAT-1)	1992년 8월 11일	SaTReC	아리안 4 (아리안스페이스)	기아나 우주센터	저궤도	위성체작기술습득	SaTReC	임무종료
우리별2호 (KITSAT-2)	1993년 9월 26일	SaTReC	아리안 4 (아리안스페이스)	기아나 우주센터	저궤도	소형위성기술습득	SaTReC	임무종료
무궁화1호 (KOREASAT-2)	1995년 8월 5일	록히드 마틴	델타 II (맥도널 더글러스)	케이프커내버럴 공군기지	정지궤도	통신, 방송	KT	임무종료
무궁화2호 (KOREASAT-2)	1996년 1월 14일	록히드 마틴	델타 II (맥도널 더글러스)	케이프커내버럴 공군기지	정지궤도	통신, 방송	KT	임무종료
우리별3호 (KITSAT-3)	1999년 5월 26일	SaTReC	PSLV-C2 (인도)	사티시다완 우주센터	저궤도	지상 및 과학권측	SaTReC	임무종료
무궁화3호 (KOREASAT-3)	1999년 9월 4일	록히드 마틴	아리안 4 (아리안스페이스)	기아나 우주센터	정지궤도	통신, 방송	KT	운용중
아리랑1호 (KOMPSAT-1)	1999년 12월 21일	KARI	타우루스 (오비탈 사이언스)	반덴버그 공군기지	태양동기	지상, 해양, 과학권측	KARI	임무종료
과학기술위성1호 (STSAT-1)	2003년 9월 27일	SaTReC	코스모스 3M (플로트)	플레세츠크 우주기지	태양동기	우주환경 측정	SaTReC	임무종료

우주항공 투자의 시대가 온다

위성명	발사일(UTC)	개발기관	발사체	발사장소	궤도	임무	운용기관	비고
한별 (MBSat)	2004년 3월 13일	에스에스로랄	아틀라스 III-A (록히드 마틴)	케이프커내버럴 공군기지	정지궤도	모바일방송	SK텔링크, MBCO	한일공동운용
아리랑2호 (KOMPSAT-2)	2006년 7월 28일	KARI	로콧 (유로콧)	플레세츠크 우주 기지	태양동기	지상관측	KARI	임무종료
무궁화5호 (KOREASAT-5)	2006년 8월 22일	알카텔	제니트 3SL (씨런치)	오디세이호 (해상발사)	정지궤도	통신, 방송	KT, 국방과학연구소	운용중
천리안 (COMS-1)	2010년 06월 27일	KARI	아리안 5 (아리안스페이스)	기아나 우주센터	정지궤도	통신, 해양, 기상	KARI	운용중
올레1호 (KOREASAT-6)	2010년 12월 28일	TAS, 오비탈사이언스	아리안 5 ECA (아리안스페이스)	기아나 우주센터	정지궤도	통신, 방송	KT	운용중
아리랑3호 (KOMPSAT-3)	2012년 5월 18일	KARI	H-IIA (미쓰비시 중공업)	다네가시마 우주센터	태양동기	지상 관측	KARI	운용중
나로과학위성 (STSAT-2C)	2013년 1월 30일	SaTReC	나로호 (KARI)	나로 우주센터	태양동기	저궤도 인공위성 궤도진입기술 습득	SaTReC	임무종료
아리랑5호 (KOMPSAT-5)	2013년 8월 22일	KARI	드네프르 (유즈노예)	야스니 발사장	태양동기	지상관측	KARI	운용중

위성명	발사일(UTC)	개발기관	발사체	발사장소	궤도	임무	운용기관	비고
과학기술위성3호 (STSAT-3)	2013년 11월 21일	KARI	드네프르 (유즈노예)	야스니 발사장	태양동기	우주/지구 과학관측	KARI	운용중
아리랑3A호 (KOMPSAT-3A)	2015년 3월 26일	KARI	드네프르 (유즈노예)	야스니 발사장	태양동기	지상관측	KARI	운용중
성능검증위성 (PVSAU)	2022년 6월 21일	AP위성	누리호 (KSLV-2)	나로 우주센터	태양동기	지상관측	KARI	운용중
대한민국 항공위성 1호	2022년 6월 23일	GPS위성	아리안 5 (아리안스페이스)	기아나 우주센터	태양동기	지상관측	KARI	운용중
차세대 소형위성 2호	2023년 5월 25일	KAIST	누리호 3호	나로 우주센터	태양동기	정찰, 통신	KARI	점검중
옵저버 1A호	2023년 11월 13일	나라스페이스	팰컨 9	밴덴버그 우주군 기지(미국)	태양동기	지상 관측	KARI	운용중
정찰위성 1호기 (EO)	2023년 12월 2일	KARI	팰컨 9	밴덴버그 우주군 기지(미국)	태양동기	저궤도 인공위성 궤도진입기술 습득	SaTReC	운용중
정찰위성 2호기 (SAR)	2024년 4월 8일	KARI	팰컨 10	케이프커내버럴 우주군 기지(미국)	태양동기	지상관측	KARI	운용중

우주항공 투자의 시대가 온다

위성명	발사일(UTC)	개발기관	발사체	발사장소	궤도	임무	운용기관	비고
초소형위성 1호	2024년 4월 24일	KAIST	일렉트론	마히아반도 위성발사장 (뉴질랜드)	태양동기	군사, 정찰	KARI	운용중

우주항공
투자의 시대가 온다

초판 1쇄 발행 2025년 5월 20일

지은이 하인환, 한유건, 김지우
발행인 홍경숙
발행처 위너스북

경영총괄 안경찬
기획편집 이다현, 김서희
마케팅 박미애

출판등록 2008년 5월 2일 제2008-000221호
주소 서울 마포구 토정로 222, 201호(한국출판콘텐츠센터)
전화 02-325-8901
팩스 02-325-8902

디자인 김종민
제지사 한서지업
인쇄 영신문화사

ISBN 979-11-89352-90-5 03320